中华优秀传统文化与
新技术的融合创新发展

魏大威 主编

国家图书馆出版社

图书在版编目（CIP）数据

中华优秀传统文化与新技术的融合创新发展 / 魏大威主编 . — 北京：国家图书馆出版社，2023.5
ISBN 978-7-5013-7335-2

Ⅰ.①中… Ⅱ.①魏… Ⅲ.①高技术－影响－中华文化－文化传播－研究 Ⅳ.① G125

中国版本图书馆 CIP 数据核字（2021）第 179596 号

书　　名　**中华优秀传统文化与新技术的融合创新发展**
　　　　　ZHONGHUA YOUXIU CHUANTONG WENHUA YU
　　　　　XINJISHU DE RONGHE CHUANGXIN FAZHAN
著　　者　魏大威　主编
责任编辑　张晴池
封面设计　耕者设计

出版发行　国家图书馆出版社（北京市西城区文津街 7 号　100034）
　　　　　（原书目文献出版社　北京图书馆出版社）
　　　　　010-66114536　63802249　nlcpress@nlc.cn（邮购）
网　　址　http://www.nlcpress.com
排　　版　北京旅教文化传播有限公司
印　　装　河北鲁汇荣彩印刷有限公司
版次印次　2023 年 5 月第 1 版　2023 年 5 月第 1 次印刷

开　　本　710mm×1000mm　1/16
印　　张　11
字　　数　170 千字
书　　号　ISBN 978-7-5013-7335-2
定　　价　68.00 元

本书编委会

主 编：魏大威

编 委（按姓氏笔画排列）：

王雁行 吕 琳 孙 倩

李红霞 吴 凯 张 炜

张 洁 季士妍 周笑盈

赵 娜 顾 恒 敦文杰

谢 强 廖永霞

目　录

前　言

　　中华民族历史悠久，勤劳智慧的人民创造了光辉灿烂的中华文化。在五千年的历史流变中，中华文化延绵不绝、历久弥新，展现了强大的生命力。文化是一个国家和民族的灵魂，也是共同的理想信念和精神追求。中华民族在长期的生活实践中孕育出独特的思想理念、哲学体系和道德规范，它们体现了中国人几千年来的知识积累和理性思辨，为中华民族攻坚克难提供强大的精神动力和智力支持。传承和推广我国优秀传统文化对于保护文化安全、涵养人文精神、坚定文化自信、实现民族复兴具有重要的现实意义，也是当今社会发展的必然趋势和内在要求。

　　进入 21 世纪以来，和平与发展已成为时代主题，在各国的重视和推动下，全球创新创业进入高度密集活跃期，人才、知识、技术、资本等创新资源在全球流动的速度、范围和规模达到空前水平，新的科学理念和科学发现不断涌现，学科交叉融合趋势日益明显，创新应用层出不穷，技术发展日新月异。首先，科技的发展更加"以人为本"，互联网、物联网和第五代移动通信技术将人与人、物与物、人与物联系起来，人类进入智能化和互联化时代。"互联网＋文化"繁荣发展，现代信息服务从推送式向精准化和个性化方向转型。其次，科技融合和一体化发展趋势明显，不同学科相互渗透、相互促进，自然科学和人文社会科学紧密结合。在文化应用领域，综合采用跨领域技术满足具体业务场景并提升效果体验成为主流。再次，数据成为社会重要物质资产，计算机技术、云计算、人工智能技术的发展为文化大数据的应用和实践提供了可行的方案。基于数据驱动的业务模式为开展更具针对性和有效的文化服务提供重要基础和保障。最后，科技进步催生新型文化业态，深刻影响着传统文化的传承与推广。信息技术对人类的生产、生活起到极大的催化作用，快餐化和碎片化成为文化消费的主流特点，传统文化面临创新和变革的新挑战，利用科技手段构建适合现代社会的新文化业态将是文化发展的重要方向。

当前，我国正处于社会主义现代化建设的关键时期。在习近平新时代中国特色社会主义思想指引下，我国科技事业迎来了全面发展的新阶段，科学理论水平和科技研发能力显著提升，新技术发明和应用层出不穷，科技创新呈现综合性、复杂性和多样性特征，科技交叉和融合成为主流。科技进步催生出新型文化业态，特别是互联网和物联网、人工智能、大数据、云计算、智能感知、新材料和新工艺、多媒体展示等技术促进了优秀传统文化的保护和传承，使文化的载体和表现形式更加丰富多彩，并为传统文化的传播和推广提供了重要技术支撑。在信息科技革命浪潮的推动下，我国优秀传统文化迎来了全面繁荣和复兴的新机遇，文化领域成果丰硕，文化基础设施进一步完善，文化创作和文化产品不断涌现，文化创意产业蓬勃发展，文化服务渠道和手段日益丰富。科技和文化的融合将引发文化创新体制的全面深入发展，技术创新正成为文化治理体系和结构转型升级的引擎和重要推动力。

习近平总书记指出："中华文明延续着我们国家和民族的精神血脉，既需要薪火相传、代代守护，也需要与时俱进、推陈出新。要加强对中华优秀传统文化的挖掘和阐发，使中华民族最基本的文化基因与当代文化相适应、与现代社会相协调，把跨越时空、超越国界、富有永恒魅力、具有当代价值的文化精神弘扬起来。要推动中华文明创造性转化、创新性发展，激活其生命力，让中华文明同各国人民创造的多彩文明一道，为人类提供正确精神指引。"① 当前，我国已全面建成小康社会，在全国各族人民的共同努力下，社会安定和谐，现代化事业稳步推进，科技与文化的深度融合使传统文化重新焕发生机，并引发产业变革，形成新的文化内容、文化形态和服务模式，加速文化的渗透传播，促进其对社会进步的支撑。值得注意的是，随着技术和社会的快速发展，文化发展的不充分和不均衡现象仍然比较突出，传统文化的传承和推广还面临着一些矛盾和问题，主要表现在以下四个方面：

第一，智能终端和移动互联网的使用和普及使得信息的产生、获取和传播方式发生根本改变，碎片化阅读、多媒体展示、交互式应用等已成为普遍习惯。由于现代文化和技术的冲击，民众的审美观念发生了显著改变，人们在

---

① 摘自2016年5月17日习近平总书记在哲学社会科学工作座谈会上的讲话。

观赏体验方面的要求大大提高，而传统的文化艺术由于缺少变通，使得内容的包装、互动体验不足，难以吸引现代用户，导致传统文化的保护和推广遇到很大的挑战。传统文化面临创造性转化和创新性发展的新课题，如何通过现代技术创新文化形态、提升传统文化的价值和魅力，是我们需要解决的重要问题。

第二，中华民族具有悠久的历史文明，留下的文物和历史文化遗产众多，然而，随着时间的流逝以及自然或人为的破坏，这些珍贵的文化遗产面临损毁和消失的风险。传统的技术手段无法满足现实的文化保护需求，因此，我们迫切需要采用数字化技术对文化信息进行记录和保存，并用新技术手段实现文化的保护和传承，确保历史文化遗产的完整性，延续历史文脉，保留文化基因。

第三，我国幅员辽阔，由于经济、社会发展水平的差异，地区文化发展不充分和不均衡的状况依然存在，经济欠发达地区的文物保护现状堪忧，偏远地区的优质文化资源的供给问题也比较突出。借助互联网和信息技术打通文化传播的"最后一公里"，将优秀传统文化向更广泛的受众普及与推广，这对于实现文化脱贫、增加民生福祉、建成文化强国具有重要意义。

第四，网络媒体是如今国家传播主流意识形态的重要渠道，大国之间利用文化和技术优势对话语权和价值观的争夺已进入白热化阶段。在这一背景下，维护网络文化主权和安全、弘扬优秀文化和正确价值观上升到了前所未有的重要地位。利用现代技术手段创建良好的网络环境，抵制不良意识形态入侵，弘扬和发展优秀传统文化，是巩固国家文化安全、增强文化自信、维系民族团结的重要保障。

本书围绕新技术环境下我国优秀传统文化的传承与发展这一重要议题，阐述了文化发展的时代内涵与历史使命，系统梳理了传统文化在新时代的发展现状，总结文化在自我创新和变革过程中呈现的主要特点及面临的问题与挑战，对新技术的应用在提升文化治理能力、助推文化制度体系建设的现代化过程中的作用和模式进行分析，探索新技术环境下文化发展的新模式和新业态，为推动我国优秀传统文化的变革、弘扬先进文化和促进社会主义文化的繁荣发展提供理论依据和实证参考。

本书内容主要分为以下五个部分：

第一章系统剖析了我国优秀传统文化的含义与价值，结合习近平新时代中国特色社会主义思想理论，对优秀传统文化的时代内涵和特征进行论述，诠释文化创新在社会发展、经济制度和文化产业等方面发挥的重要作用，指出优秀传统文化创造性转化和创新性发展的必然性，并阐述了新技术环境下中华优秀传统文化传承与推广的理论依据和实践途径。

第二章对新技术发展现状进行了较为全面的调研和总结，并对未来技术发展趋势进行展望，特别是对涉及文化传承与应用的技术进行分类介绍，旨在为读者提供全景式的技术发展脉络，明确新技术对文化发展带来的机遇和挑战，为新时代制定文化战略规划和推动文化体制变革提供参考。

第三章介绍了信息化时代传统文化的技术创新与应用现状，包括政府的规划与推动、国家战略及法规政策、我国重要文化工程项目等，以及新技术在文物的保护与展陈、文化传播和服务推广、文创产品的开发和利用等方面的进展，为全面了解我国当前文化科技创新发展成果及研究未来文化发展模式和机制提供借鉴。

第四章分析研究文化与科技融合发展的重要特征，提出现阶段文化传承与推广的主要模式，为研究和推动建立现代文化治理体系、促进优秀传统文化的创新与发展提供理论依据。

第五章研究政府部门在新技术环境下实现中华优秀传统文化传承与推广的作用与责任，包括：强化政策扶持和保障体系构建，完善法律法规，通过多种手段推动文化的传承发展；鼓励文化创新和文化成果转化；充分挖掘文旅融合优势；积极开展社会合作，构建多元化推广渠道；研究人才培养模式，为技术应用和文化传承推广提供人才保障。

各章主笔具体如下：第一章由魏大威、张洁、王雁行、吴凯、孙倩、吕琳主笔；第二章由谢强、敦文杰、赵娜主笔；第三章由顾恒、张炜、敦文杰、周笑盈主笔；第四章由魏大威、廖永霞、李红霞、周笑盈主笔；第五章由魏大威、季士妍、孙倩、吕琳主笔。全书由敦文杰和周笑盈负责统稿和修改。

为了保证引用资料的正确性和内容研究的客观性，本项目组采用文献调研、专家咨询、实证分析等方法开展理论和实证研究。同时，由不同的工作组赴西安、上海、南京等地进行实地调研，对当地的文化科技场馆、文化创新企业、文化事业单位等进行走访参观，并与相关负责人进行座谈交流，获取了大量一手调研资料，在此向相关单位的领导和专家表示感谢。

需要指出的是，本书在编撰过程中，我国社会仍在不断发展变化，各方面都在取得显著进展，新技术在文化创新领域得到越来越多的应用。本书虽然力求资料翔实、数据准确，但其中的疏漏之处在所难免，敬请广大同人和专家学者批评指正。

魏大威

2021 年于北京

第一章　中华优秀传统文化的时代内涵与使命

　　文化可以浸润世间万物，滋养人的心灵。实现中华民族的伟大复兴，是一个物质文明和精神文明相辅相成、互利共生的发展过程。习近平总书记指出："坚持和发展马克思主义，必须同中华优秀传统文化相结合。只有植根本国、本民族历史文化沃土，马克思主义真理之树才能根深叶茂。"①党的二十大报告指出，中华优秀传统文化源远流长、博大精深，是中华文明的智慧结晶，其中蕴含的天下为公、民为邦本、为政以德、革故鼎新、任人唯贤、天人合一、自强不息、厚德载物、讲信修睦、亲仁善邻等，是中国人民在长期生产生活中积累的宇宙观、天下观、社会观、道德观的重要体现，同科学社会主义价值观主张具有高度契合性②。当前，快速发展的互联网和信息技术革命正在重塑着现代文化体系和发展机制，在实现社会主义现代化和"中国梦"的新时代，中华优秀传统文化又被重新赋予新的内涵和历史使命，只有与时俱进、自我革新，才能充分发掘优秀传统文化中的精神价值和智慧力量，为社会的进步和发展提供坚定的思想保障和丰润的理论基础。

---

①② 习近平:高举中国特色社会主义伟大旗帜　为全面建设社会主义现代化国家而团结奋斗——在中国共产党第二十次全国代表大会上的报告[EB/OL].[2022-10-25]. http://www.gov.cn/xinwen/2022-10-25/content_5721685.htm.

第一节　中华优秀传统文化的含义及其价值

一、中华优秀传统文化的界定

1. 文化

古今中外对"文化"的解释颇为丰富，对文化的定义和文化层次结构的看法亦有差异，但对其外延却有着基本的共识。中国古代典籍里出现的"文化"意为：使诗、书、礼、乐等内容作用于人心，即以传统的诗、书、礼、乐中体现的社会生活的根本法则和精神教化天下之人。英语中"Culture"（文化）一词原意为耕作。自15世纪开始，其含义逐渐引申为对人的能力的培养，有教化人类心灵与智慧的意思。西方学者常从宗教、心理、艺术、语言等精神层面去阐释文化的定义。

近现代以来，中国学者基于不同的学科和视角，对文化有了更多论述。如著名思想家梁漱溟认为，文化表现在一个民族生活的各个方面中：一是精神生活方面，如宗教、哲学、艺术等，其中文艺是偏重于感情的，哲学科学是偏重于理智的；二是社会生活方面，即人与人之间的交流方式，如社会组织、伦理习惯、政治制度及经济关系等；三是物质生活方面，如饮食起居等①。余秋雨则认为："文化，是一种包含精神价值和生活方式的生态共同体。它通过积累和引导，创建集体人格。"②他认为文化是一种时间的"积累"，在动态过程中，渐渐沉淀成一种"集体人格"。

目前，现代汉语中的"文化"一词大致有三种界定范围，即大文化、中文化、小文化。大文化指人类社会历史实践所创造的物质财富和精神财富的总和。这个概念和"文明"的概念相近，如红山文化、仰韶文化等。中文化是指人类社会实践所创造的精神财富总和，是社会意识形态及与之相适应的制度和组织形式，包括哲学、文学、艺术、宗教、社会科学等诸多领域，这个概念是一个与政治、经济相对应的概念。小文化则是指人类在社会历史实践中所创造

---

① 梁漱溟.梁漱溟全集：第一卷[M].济南：山东人民出版社,1989:339.
② 余秋雨.文化到底是什么[J].南京师范大学文学院学报,2012(4):133.

的文学艺术财富的总和，是文学、艺术及与之相适应的制度和组织形式。在我国，小文化一般涵盖文化和旅游部、国家广播电视总局等部门的业务范围。

关于文化的含义，本书认为《辞海》的解释是便于理解的，即：广义指人类社会的生存方式以及建立在此基础上的价值体系，是人类在社会历史发展过程中所创造的物质财富和精神财富的总和。其可分为物质文化、制度文化、精神文化三个层面。

2. 传统与传统文化

传统，指历史沿传下来的思想、文化、道德、风俗、艺术、制度以及行为方式等。传统文化则是文明演化而汇集成的一种反映民族特质和风貌的民族文化，是民族历史上各种思想文化、观念形态的总体表现。而中华传统文化是指居住在中国地域内的中华民族及其祖先所创造的、为中华民族世世代代所继承发展的、具有鲜明民族特色的，历史悠久、博大精深、传统优良的文化。五千年中华民族的传统文化在不同的历史时期呈现出不同的历史形态，大体经历了炎黄文化初立、西周易学诞生、春秋战国百家争鸣、西汉经学兴盛、魏晋南北朝玄学流行、隋唐儒释道并立、宋明理学发展等重要的文化发展阶段。这些不同历史阶段不同形态的文化，在实践中孕育，在争鸣中创新，在流传中前进，在融合中壮大，在继承中发展[1]。

中华传统文化历史悠久，源远流长。以孔孟为代表的儒家学派和以老庄为代表的道家学说，是东方文明的源头之一，在今天仍有着重要影响。从伦理价值层面看，中华传统文化主要可以概括为君子文化、尚贤文化、谋略文化、耻感文化、礼仪文化、忠孝文化、爱国主义及人道主义精神等[2]。

中华传统文化内涵丰富，外延广阔。就性质而言，她是中华民族赖以长期发展、不断进步的精神支撑；就内容而言，她是包括汉民族文化以及各个少数民族文化在内的多元一体的文化；就思想学术发展的历程而言，她是包括先秦子学、两汉经学、魏晋玄学、隋唐佛学、宋明理学、清代朴学和近代新学等不同发展阶段的文化实体；就学术流派而言，她是包括儒家、道家、墨家、法家、阴阳家、兵家、名家、杂家等在内的诸子百家分途发展而又相互碰撞、交

---

① 徐光春.马克思主义中国化与中华传统文化时代化[J].文化软实力,2016(3):1-8.

② 赵东海,梁伟.中国传统文化精髓述略[J].内蒙古大学学报(哲学社会科学版),2011(1):61-66.

流吸收的结果；就时代性而言，她是与时俱进、不断发展、彰显时代精神的产物；就价值取向而言，她是以中华民族精神为核心，以爱国主义为导向，蕴涵团结统一、贵和尚中、以人为本的一整套价值理念的整合；就历史发展阶段而言，她是从古到今的中华民族的文化创造[①]。

总之，传统文化是文明成果最根本的创造力，是民族历史上道德传承、各种文化思想、精神观念形态的总和。

3. 中华优秀传统文化

从 20 世纪 80 年代以来，国内学者对中华传统文化开展了诸多研究实践，问世的论著可谓汗牛充栋，且多从传统文化的内容、范围、功能、特征等角度进行探讨。但对"何为优秀传统文化"这一主题则探讨较少，即便有也未形成较为一致的理解和表述。有学者认为，中华优秀传统文化传承体系是由多元素、多环节组成的复杂系统，体系中各要素、各环节之间是一种相互影响、相互制约的关系。建构中华优秀传统文化传承体系必须从系统论、控制论的角度合理利用优秀精神文明成果[②]。也有学者认为，优秀传统文化是指那些经过了实践检验、时间检验和社会择优继承检验而保留下来并能传之久远的文化[③]。这一概念涵盖得比较全面，但对优秀传统文化的核心要义未作明确的界定。

张岱年先生在《中国古典哲学中的优良传统》一文中指出，古代唯物主义与无神论传统、辩证思想、人本思想、坚持民族独立的爱国传统，都是"中国文化中的优良传统"[④]。他还认为："中国文化的优秀传统的核心是关于人生意义、人生价值、人生理想的基本观点，可以称为人本观点。"[⑤]钱逊先生认为：传统文化中的仁爱精神、自强不息精神，富贵不淫、贫贱不移、威武不屈的独立人格精神，忧国忧民、竭诚尽忠的爱国精神，"慎独"的高度自觉的道德精神以及敬老爱幼、尊师重道、孝敬父母等，都是传统美德[⑥]。

① 李宗桂. 试论中国优秀传统文化的内涵[J]. 学术研究, 2013 (11):35-39.

② 段超. 中华优秀传统文化当代传承体系建构研究[J]. 中南民族大学学报(人文社会科学版),2012 (2):1-6.

③ 李申申. 略论知识分子在中华优秀文化传承中的使命与担当[J]. 华北水利水电学院学报(社会科学版),2011 (2):127-132.

④ 张岱年. 中国古典哲学中的优良传统[J]. 中国高校社会科学,1993 (1):63-66.

⑤ 张岱年. 中国文化优秀传统的生命力[J]. 中国文化研究,1993 (1):1-3.

⑥ 钱逊. 关于马克思主义与传统文化关系的几点想法[J]. 学术月刊,1996 (5):21-24.

关于中华优秀传统文化的内涵，李先明和成积春在《中华优秀传统文化传承体系的构建：理论、实践与路径》一文中提道：传统文化以"体""用""文"三种形式存在。"体"，即这一文化的核心信仰和价值、道德观念；"用"，即这一信仰、价值体系在形式上的一些行为要求；"文"，即这些价值行为在一定社会经济条件下的具体展开的要求。这三种形式会在社会历史发展过程中发生不同程度的演变。传统不代表没有生命力的过去；弘扬传统文化，并非传统的复活，而应是传统的复兴①。也有学者对优秀传统文化的思想内容进行梳理和提炼：一是万物一体、民胞物与的天人合一思想；二是和而不同、并行不害的和谐共生思想；三是自强不息、刚健有为的积极进取思想；四是天下己任、整体为上的爱众为公思想；五是己所不欲、勿施于人的修身仁爱思想；六是孝亲尊老、忠信笃敬的社会伦理思想；七是与时消息、通权达变的求新务实思想；八是以道制欲、中正平和的德行理性思想；九是尊师重教、劝学劝善的教化思想②。

李宗桂认为优秀传统文化应当具备以下特征：反映中国文化健康的精神方向；能够鼓舞人们前进，无论是历史上的还是当代中国的文化建设，都具有激发民族自信心和自豪感的作用；具有民族文化认同功能；具有历史继承性和稳定性；在今天仍然具有强大的生命力。优秀传统文化及其在当代的主要表现是：自强不息的奋斗精神、和谐统一的博大胸襟、崇德重义的高尚情怀、整体为上的价值取向③。

关于中华优秀传统文化的定义，本书赞同这一观点：在中华民族长期发展过程中形成的、有着积极的历史作用、至今仍具有重要价值的思想文化④，即在中华传统文化中具有积极意义和当代价值的思想内容。

二、中华优秀传统文化的特点

文化的形成是一个动态的过程，是人类在认识和改造自然以及不同民族相互作用和交融过程中逐渐发展而成的。中华文明在长期演化的进程中，与其他

---

① 李先明,成积春.中华优秀传统文化传承体系的构建:理论、实践与路径[J].南京社会科学,2016(11):138-145.

② 王学伟.中国优秀传统文化研究30年[J].中州学刊,2014(4):91-97.

③ 李宗桂.优秀文化传统与民族凝聚力[J].哲学研究,1992(3):46-55.

④ 李宗桂.试论中国优秀传统文化的内涵[J].学术研究,2013(11):35-39.

文明相互交流、相互借鉴，形成了独特的人文价值和思想体系，丰富的哲学思想、人文精神、教化思想、道德理念等构成了中华传统文化的精髓，它是中华民族的精神命脉和智慧源泉，也是国家和民族传承与发展的根本。同时，由于历史的局限性和科技发展水平的限制，传统文化中还包含着大量的封建迷信等糟粕。习近平总书记指出："进行文明相互学习借鉴，要坚持从本国本民族实际出发，坚持取长补短、择善而从，讲求兼收并蓄，但兼收并蓄不是囫囵吞枣、莫衷一是，而是要去粗取精、去伪存真。"①弘扬传统文化，绝不能不加区分，泥沙俱下，而是要科学地界定、正确地鉴别中华传统文化的精华部分，依据马克思唯物史观去粗取精、弃恶扬善地加以弘扬，并在新时代中与时俱进，实现传统文化的创造性转化和创新性发展，让传统文化为推动经济和社会发展、提升人民福祉提供支持。笔者认为，中华优秀传统文化具有以下六个特点。

1. 源远流长，凝心聚力

唐代魏徵在《谏太宗十思疏》中有言："求木之长者，必固其根本；欲流之远者，必浚其泉源。"漫长的人类历史中，古埃及、两河流域、古希腊、古罗马、古印度、中南美洲等地都曾诞生过伟大的文明，然而只有中华文明存续至今，从未中断。梁漱溟先生曾指出，中华文化"广土众民为一大特征，偌大民族之同化融合为一大特征，历史长久，并世中莫与之比为一大特征"②。中华文化的长久性和延续性为其形成中华民族特有的向心力和凝聚力提供了保证。文化凝聚力是一个国家或一个民族所具有的聚集、吸引、团结和组织其全体成员的力量，是一个国家或民族保持统一、内聚、稳定和发展的内聚力。中国传统文化的凝聚力，是中华民族赖以生存发展、独立统一的内在力量，是一个伴随着中华民族形成和发展而具有多方面功能的动态系统③。从上古时代到夏商周，中原地区的各部落不断融合，初步形成以天子为核心的王朝。自秦一统天

① 习近平.兼收并蓄不是囫囵吞枣、莫衷一是,而是要去粗取精、去伪存真[EB/OL].
[2018-05-10]. http://www.xinhuanet.com/politics/2014-09/24/c_1112608507.htm.

② 欧阳哲生.文化认同·文化反省·文化自觉——以梁漱溟著《中国文化要义》为文本的探讨[J].清华大学学报(哲学社会科学版),2018(1):172-182,197.

③ 孙松滨.中国传统文化凝聚力的内涵及时代走向[J].边疆经济与文化,2006(1):52-62.

下，"车同轨，书同文，行同伦"，"天下大同"逐渐成为中华民族的处世哲学与理想信念。这种超越民族、地域的文化群体归属感将中华各族人民维系在一起，成为中华民族生生不息的源泉和动力。

2. 兼容并蓄，深远浩博

包容性和兼容性是中华优秀传统文化的显著特点。"中国传统文化，尤其是作为其核心的思想文化的形成和发展，大体经历了中国先秦诸子百家争鸣、两汉经学兴盛、魏晋南北朝玄学流行、隋唐儒释道并立、宋明理学发展等几个历史时期。"[①] 在历史上占据主导地位的儒家思想与"中国历史上存在的其他学说既对立又统一，既相互竞争又相互借鉴"[②]，这种和而不同、百家争鸣的包容性特点使传统文化保持了旺盛的生命力。中华文明的发展也是一个在与外界交流与互动中不断接触和吸收外部文化，在本土环境中将之改造、创新并为我所用，以此充实和丰富本族文化的历史过程。张骞、班超、玄奘、鉴真、郑和、马可·波罗等为中外文化的交流作出了重要贡献，佛教传入、三教合流和西学东渐进一步丰富了我国的哲学思想和科学文化，逐渐形成了兼容并蓄、深远浩博的中华文化体系。中华优秀传统文化也对社会民众起着潜移默化的作用，塑造着民族性格和行为方式。独具特色的民俗文化、饮食服饰、节日习俗等非物质文化遗产已成为民族文化基因，代代相传。中华优秀传统文化的丰富的表现形式、独特的审美意识和人文精神，不但影响着周边的国家和民族，而且更因其普世价值与特殊魅力，逐渐得到世界不同文化和信仰的人民群体的认同，展现出愈发强烈的韧劲和生命力。

3. 以人为本，尊礼重德

与"一神教"的宗教文明不同，中华传统文化本质上是世俗文化，"以人为本"是其重要特征。"民本"思想发端于商周时代，《尚书》中的"民惟邦本，本固邦宁"突出体现了这一时代政治生活的原始民主色彩[③]。春秋战国时期，对"民本"思想的阐述上升到了理论和付诸实践的高度。儒家经典以"仁"为核心，把人的因素放在首位:《论语》中孔子主张"节用而爱人";孟

---

①② 习近平.在纪念孔子诞辰2565周年国际学术研讨会暨国际儒学联合会第五届会员大会开幕式上的讲话[EB/OL].[2018-05-10].http://www.xinhuanet.com/politcs/2014/09/24/c_1112612018.htm.

③ 王爱莲.社会主义核心价值体系的传统文化特点[J].内蒙古教育,2013(12):78-79.

子认为"仁爱无敌",并指出"民为贵,社稷次之,君为轻",进而提倡"仁民""保民""制民之产""视民如伤";荀子指出"天之生民,非为君也。天之立君,以为民也"。墨家的墨子也提出"兼相爱,交相利"。这些重民、爱民、惠民、利民的思想在当代"为人民服务""实现好、维护好、发展好最广大人民根本利益"等施政理念中得到延续,是实现社会安定团结的重要思想保障。在民本思想的影响下,中华文化更加重视和强调"人"的作用,崇尚礼仪、重视德行。"不学礼,无以立""人无礼则不生,事无礼则不成,国无礼则不宁""土扶可成墙,积德为厚地""士有百行,以德为首"等,都是崇礼重德思想的体现。中华优秀传统文化中这种重视德行、讲求礼治的理念是中华民族的核心精神价值,对于我们创建文明社会具有重要而积极的现实意义。

4. 理性思辨,知行合一

中华优秀传统文化是具有理性和思辨性的。中华民族在认识和理解大自然的过程中,逐渐形成了特色的辩证思维体系。《易经》是中国哲学思想的源头,是中华民族在认识和理解自然过程中发展出的一套朴素辩证法,体现着矛盾的对立与转化。"天下之理,未有不动而能恒者也",说明了世界是动态发展的;"天行健,君子以自强不息""地势坤,君子以厚德载物",则强调了人在改造自然过程中的作用与能动性。先秦诸子学说也体现着理性辩证的世界观和价值观。荀子的"天行有常,不为尧存,不为桀亡"论述自然界有自身发展规律,不为人的主观意志所改变;老子的"道生一,一生二,二生三,三生万物""祸兮福所倚,福兮祸所伏",庄子的"物之生也,若骤若驰,无动而不变,无时而不移"等体现着事物的运动、发展和矛盾转换关系;《孙子兵法》对战争的要素和制胜因素做了全面科学的分析,揭示出战争中存在的普遍规律,反映了唯物主义和辩证法思想。中华优秀传统文化的思辨性还体现为认识论和实践论的有机统一。古人认为,与认知相比,实践具有更大的难度,强调理论与实践相结合,理论的学习是为了更好地应用于实践。《尚书》有"非知之艰,行之惟艰"之说,《左传》指出"非知之实难,将在行之",孔子认为"知及之,仁不能守之,虽得之,必失之",王阳明曾说"知是行之始,行是知之成"。优秀传统文化中的知行合一理念与马克思主义实践观有着密切关系,对于指导我国思想文化建设、推动新时代社会主义现代化事业具有重要意义。

5. 中庸和谐，强调整体

《中庸》提出"万物并育而不相害，道并行而不相悖"，"和也者，天下之达道也"。儒家主张"礼之用，和为贵"。中国文化是一种"和"文化，讲求中庸之道、和谐统一，这就包括人与自然、人与社会、人与人之间的和谐。"天地与我并生，万物与我为一"，达到"天人合一"是"和"思想的最高境界。在此思想影响下，中国文化一直致力于建构平衡、协调的关系，不主张强化分歧和矛盾，而是呼吁和谐、稳定、发展[1]。"和"的思想强调从整体去考虑和解决问题，重视整体的统一和协调，避免偏重一隅、各自为政，这对于强化中华民族整体利益的价值取向、维护民族团结和华夏大一统的局面起到了十分重要的作用。在和谐思想的浸润下，中华文化形成了包容天下、胸怀世界的大格局，在追求"一统"的同时也深知"和而不同""求同存异"。在这样的大环境下，各种思潮流派、不同特质的异域文化能够互学互鉴、相互交融，经过长期的演化，逐渐形成一个百花齐放、和谐共存的文化体系。中华民族崇尚和谐、看重整体的价值观是维护国家统一和社会安定的思想基础，对于实现社会和谐稳定发展具有重要意义，也是促进民族凝聚、实现中华民族伟大复兴的强大精神力量。

6. 修齐治平，爱国自强

中国以华夏之邦、礼仪之国著称，中华民族也是一个有着优秀传统道德与爱国精神的民族。历朝历代的民众对中华文化都有着强烈的认同感、自豪感和自信心，亦对传承中华文化怀有责任感、使命感。儒家强调个人品德修养，主张自我审视、自我鞭策、慎独自律、修己安人。《礼记·中庸》有言："莫见乎隐，莫显乎微，故君子慎其独也。"《礼记·大学》提出："古之欲明明德于天下者，先治其国；欲治其国者，先齐其家；欲齐其家者，先修其身。"儒家把修身作为教育的重要目的，认为修身是格物致知的过程。"修身齐家治国平天下"与爱国精神是相统一的，表现为个人修养和社会责任的统一，即个人的内在价值不仅要体现在自强不息、有人格尊严，更要求个人要时刻保持对国家和民族命运的忧患意识，奉献自己、报效国家。"穷则独善其身，达则兼济天

---

① 曹瑞冬,吴梦柔.论中国传统文化的类型、特点和价值取向[J].知与行,2017(11):86-91.

下""苟利国家生死以，岂因祸福避趋之""人生自古谁无死，留取丹心照汗青""天下兴亡，匹夫有责"等都是爱国主义思想的具体表达。当前，我国的社会主义现代化事业还有待全体中国人民齐心合力、砥砺前行，这种特别重视人的自我修养与内在品质，强调通过自身的修为和奋进来实现"齐家、治国、平天下"的思想传统，在当代社会也具有十分重要的借鉴意义。

第二节 新时代下的新文化

一、新文化的时代内涵

党的十八大以来，以习近平同志为核心的党中央高度重视弘扬中华优秀传统文化。习近平总书记发表了一系列重要讲话，其中包含了传承和弘扬中华优秀传统文化的新思想、新观点、新论断，明确了指导思想、方针原则、目标任务，科学回答了"我们今天为什么要传承和弘扬中华优秀传统文化、中华传统文化中蕴含了哪些值得今天传承和弘扬的思想精华、怎样传承和弘扬中华优秀传统文化等问题，为我们传承和弘扬中华优秀传统文化，建设中国特色社会主义文化提供了重要遵循。

1. 阐明了中华优秀传统文化在当前时代的重要意义和价值

习近平总书记在多次重要讲话中对中华优秀传统文化的核心价值观、思想观、道德观进行了论述，对中华优秀传统文化的内容和内涵进行了深刻解释，并强调了中华优秀传统文化对新时代国家和社会发展的重要意义。

2013 年 3 月 1 日，习近平总书记在中央党校建校 80 周年庆祝大会上，强调中华传统文化中的各种思想精华对领导干部树立正确的世界观、人生观、价值观大有益处，并列举了古人所说的"先天下之忧而忧，后天下之乐而乐"的政治抱负，"位卑未敢忘忧国"的报国情怀，"富贵不能淫，贫贱不能移，威武不能屈"的浩然正气，"鞠躬尽瘁，死而后已"的献身精神等[①]。这些精神都体现了中华民族的优秀传统文化和民族精神，我们都应该继承和发扬。

---

① 习近平.习近平谈治国理政[M].北京:外文出版社,2014:405.

2014 年 5 月 4 日，习近平总书记在北京大学师生座谈会上，强调中华优秀传统文化是中华民族的基因，植根于国人内心，其中蕴含了丰富的可以为涵养社会主义核心价值观提供支撑的思想和理念。他指出，中华传统文化中强调"大道之行也，天下为公"，主张以德治国、以文化人，强调"君子喻于义""人而无信，不知其可也""德不孤，必有邻""出入相友，守望相助""扶贫济困"等思想理念，具有鲜明的民族特色和永不褪色的时代价值①。我们应该认真汲取中华传统文化中的思想精华和道德精髓，发挥中华优秀传统文化作为涵养社会主义核心价值观的重要源泉的作用。

2014 年 9 月 24 日，在纪念孔子诞辰 2565 周年国际学术研讨会上，习近平总书记强调中华优秀传统文化中蕴藏着解决当代人类面临的难题的重要启示。中华优秀传统文化的丰富内涵有助于我们更好地认识和改造世界，从而造福人类生活。

2014 年 10 月 13 日，在中共中央政治局第十八次集体学习中，习近平着重阐述了"民惟邦本、政得其民，礼法合治、德主刑辅，为政之要莫先于得人、治国先治吏，为政以德、正己修身，居安思危、改易更化"等思想，强调对绵延 5000 多年的中华文明，我们应该多一份尊重，多一份思考，应积极深入领会中华民族历久弥新的精神世界，把长期以来我们民族形成的积极向上向善的思想文化充分继承和弘扬起来②。

2014 年 10 月 15 日，习近平总书记在文艺工作座谈会上着重强调了传承中华文化基因、弘扬中华传统美德、展现中华审美风范的重要性。他指出："中华民族在长期实践中培育和形成了独特的思想理念和道德规范，有崇仁爱、重民本、守诚信、讲辩证、尚和合、求大同等思想，有自强不息、敬业乐群、扶正扬善、扶危济困、见义勇为、孝老爱亲等传统美德。……不论过去还是现在，都有其永不褪色的价值。"③

2015 年 12 月 30 日，在中共中央政治局第二十九次集体学习时，习近平

① 习近平.青年要自觉践行社会主义核心价值观——在北京大学师生座谈会上的讲话[J].人民教育,2014(10):6-9.
② 习近平:牢记历史经验历史教训历史警示　为国家治理能力现代化提供有益借鉴[EB/OL].[2014-10-13].http://cpc.people.com.cn/n/2014/1013/c64094-25825563.html.
③ 习近平.习近平在文艺工作座谈会上的讲话[N].人民日报,2015-10-15(2).

总书记强调了尊重和传承中华民族历史和文化对弘扬爱国主义精神的重要意义。中华民族爱国主义精神的历史形成和发展离不开中华优秀传统文化的滋养，对祖国悠久历史、深厚文化的理解和接受，是人们爱国主义情感培育和发展的重要条件[①]。

2016年12月12日，习近平总书记在会见第一届全国文明家庭代表时的讲话中强调，中华民族历来重视家庭，中华民族传统家庭美德融入国人血脉，是中华民族薪火相传的重要精神力量和家庭文明建设的宝贵精神财富。他指出："各级领导干部特别是高级干部要继承和弘扬中华优秀传统文化，继承和弘扬革命前辈的红色家风，向焦裕禄、谷文昌、杨善洲等同志学习，做家风建设的表率，把修身、齐家落到实处。""要积极传播中华民族传统美德，传递尊老爱幼、男女平等、夫妻和睦、勤俭持家、邻里团结的观念，倡导忠诚、责任、亲情、学习、公益的理念，推动人们在为家庭谋幸福、为他人送温暖、为社会作贡献的过程中提高精神境界、培育文明风尚。"[②]

通过梳理和分析习近平总书记关于优秀传统文化的论述，我们可以归纳出，传统文化的传承与发展中应注意的问题主要有三个方面：其一，保留传统文化中"积极向上向善"、具有正能量的思想精华和智慧启示；其二，需要具有"跨越时空、超越国度、富有永恒魅力、具有当代价值"的特点；其三，可以对我们今天正在进行的事业发挥积极作用，为人们认识和改造世界、治国理政、道德建设提供有益借鉴和启示[③]。

2. 规划新时代传承和弘扬优秀传统文化重要战略任务

中国特色社会主义建设进入新的时代，传承优秀文化、增强文化自信、实现文化繁荣发展已上升到国家战略高度。习近平总书记多次提出了文化发展的总目标和总任务，为建成社会主义文化强国、壮大我国的文化软实力指明了总路线。

2017年10月18日，在中国共产党第十九次全国代表大会上，习近平总书记作了题为《决胜全面建成小康社会　夺取新时代中国特色社会主义伟大胜

---

① 习近平.大力弘扬伟大爱国主义精神　为实现中国梦提供精神支柱[N].人民日报，2015-12-31（1）.

② 习近平在会见第一届全国文明家庭代表时的讲话[N].人民日报,2016-12-16（2）.

③ 高长武.习近平的传统文化观析论[J].观察与思考,2017（4）:27-36.

利》的报告，报告提出了新时代文化建设的基本方略，指出中国特色社会主义新时代的主要矛盾是人民日益增长的美好生活需要和不平衡不充分发展之间的矛盾。这意味着满足人民精神文化需求成为新时代社会主义现代化建设的重要内容，文化的作用更加凸显。坚定文化自信是文化建设的重要保障，"文化自信是一个国家、一个民族发展中更基本、更深沉、更持久的力量。""没有高度的文化自信，没有文化的繁荣兴盛，就没有中华民族的伟大复兴。"报告阐述了新时代文化发展的总目标是"以马克思主义为指导，坚守中华文化立场，立足当代中国现实，结合当今时代条件，发展面向现代化、面向世界、面向未来的，民族的科学的大众的社会主义文化，推动社会主义精神文明和物质文明协调发展"。在"培育和践行社会主义核心价值观"的论述中，习近平总书记指出："深入挖掘中华优秀传统文化蕴含的思想观念、人文精神、道德规范，结合时代要求继承创新，让中华文化展现出永久魅力和时代风采。"[①]

2018年8月21日至22日，在全国宣传思想工作会议上，习近平总书记站在新时代党和国家事业发展全局的高度，深刻阐述了新形势下党的宣传思想工作的历史方位和使命任务，对做好新形势下党的宣传思想工作作出重大部署。他强调了新形势下做好宣传思想工作的重要性，"必须自觉承担起举旗帜、聚民心、育新人、兴文化、展形象的使命任务"。他还强调要不断提升中华文化影响力："中华优秀传统文化是中华民族的文化根脉，其蕴含的思想观念、人文精神、道德规范，不仅是我们中国人思想和精神的内核，对解决人类问题也有重要价值。要把优秀传统文化的精神标识提炼出来、展示出来，把优秀传统文化中具有当代价值、世界意义的文化精髓提炼出来、展示出来。"[②]

2020年10月29日召开的中国共产党第十九届五中全会着眼战略布局，对"十四五"时期文化建设作出部署，明确提出到2035年建成文化强国的远景目标，这为我们在新发展阶段繁荣发展文化事业和文化产业、提高国家文化软实力规划了蓝图。全会提出，在全面建成小康社会后，我国即将开始全面建

---

① 习近平：决胜全面建成小康社会　夺取新时代中国特色社会主义伟大胜利——在中国共产党第十九次全国代表大会上的报告[EB/OL].[2021-08-10]. http://www.gov.cn/zhuanti/2017-10/27/content_5234876.htm.

② 习近平：举旗帜聚民心育新人兴文化展形象　更好完成新形势下宣传思想工作使命任务[N].人民日报,2018-08-23（1）.

设社会主义现代化国家的新征程。在"十四五"时期，努力推动"社会文明程度得到新提高。社会主义核心价值观深入人心，人民思想道德素质、科学文化素质和身心健康素质明显提高，公共文化服务体系和文化产业体系更加健全，人民精神文化生活日益丰富，中华文化影响力进一步提升，中华民族凝聚力进一步增强"。2035年远景规划中，要"坚持马克思主义在意识形态领域的指导地位，坚定文化自信，坚持以社会主义核心价值观引领文化建设，加强社会主义精神文明建设，围绕举旗帜、聚民心、育新人、兴文化、展形象的使命任务，促进满足人民文化需求和增强人民精神力量相统一，推进社会主义文化强国建设"①。全会还为推动实现远景目标的实现安排了具体的阶段性任务，包括提高社会文明程度、提升公共文化服务水平、健全现代文化产业体系。在"两个一百年"奋斗目标的历史交汇点上，全会为开启新时代中国特色社会主义文化建设，繁荣和发展传统文化，提高国家文化软实力提供了总目标和总路线。

3. 中华优秀传统文化必须要坚持创造性转化和创新性发展

推动中华优秀传统文化创造性转化和创新性发展，是传统文化保持旺盛的生命力、实现新时代文化繁荣兴盛的重要保障。习近平总书记曾在多个场合发表讲话，指出文化创新的重要战略意义。

在2015年12月30日中共中央政治局第二十九次集体学习时，习近平总书记指出："要以时代精神激活中华优秀传统文化的生命力，推进中华优秀传统文化创造性转化和创新性发展，把传承和弘扬中华优秀传统文化同培育和践行社会主义核心价值观统一起来，引导人民树立和坚持正确的历史观、民族观、国家观、文化观，不断增强中华民族的归属感、认同感、尊严感、荣誉感。"②

党的十九大报告把创新列为推动新时代文化发展的主线。在谈到新时代中国特色社会主义思想的精神实质和丰富内涵时，在第七条"坚持社会主义核心价值体系"中，强调要"推动中华优秀传统文化创造性转化、创新性发展"。在第七大部分"坚定文化自信，推动社会主义文化繁荣兴盛"中，论述新时代文化建设目标时，提出要"激发全民族文化创新创造活力，建设社会主义文

---

① 中共中央关于制定国民经济和社会发展第十四个五年规划和二〇三五年远景目标的建议[EB/OL].[2020-11-03].http://www.gov.cn/xinwen/2020-11/03/content_5556991.htm.

② 习近平：大力弘扬伟大爱国主义精神　为实现中国梦提供精神支柱[N].人民日报，2015-12-31（1）.

化强国"，"要坚持为人民服务、为社会主义服务，坚持百花齐放、百家争鸣，坚持创造性转化、创新性发展，不断铸就中华文化新辉煌"；在谈到繁荣发展社会主义文艺时，强调要"提升文艺原创能力，推动文艺创新"；在谈到推动文化事业和文化产业发展时，强调要"深化文化体制改革，完善文化管理体制"[①]。在 2018 年召开的全国宣传思想工作会议上，习近平总书记重申了十九大提出的文化创新这一重要立场："兴文化，就是要坚持中国特色社会主义文化发展道路，推动中华优秀传统文化创造性转化、创新性发展，继承革命文化，发展社会主义先进文化，激发全民族文化创新创造活力，建设社会主义文化强国。"[②]

2020 年 9 月 22 日，在教育文化卫生体育领域专家代表座谈会上，习近平总书记强调："中国特色社会主义是全面发展、全面进步的伟大事业，没有社会主义文化繁荣发展，就没有社会主义现代化。要坚定文化自信，推动中华优秀传统文化创造性转化、创新性发展，继承革命文化，发展社会主义先进文化，不断铸就中华文化新辉煌，建设社会主义文化强国。"[③]

习近平总书记在讲话中曾多次指出，中华优秀传统文化是中华民族的突出优势，是我们最深厚的文化软实力。传承发展中华优秀传统文化，要求我们必须讲清楚中华优秀传统文化的历史渊源、发展脉络、基本走向，讲清楚中华优秀传统文化的独特创造、价值理念、鲜明特色，只有如此，我们才能从文化自觉走向文化认同、文化自信，才能在世界文化的激荡中凝聚力量、站稳脚跟。

习近平总书记关于新时代繁荣和发展社会主义先进文化的重要论述，运用马克思主义的立场观点方法深刻揭示了作为民族精神精华的中华优秀传统文化与中华民族这一历史主体的内在统一，系统回答了传统文化"从哪里来、向哪里去""传承什么、怎样传承"等重大理论和实践问题，是传承和发展中华优秀传统文化的根本遵循。

---

① 祁述裕.党的十九大关于文化建设的四个突出特点[EB/OL].[2018-05-10].http://theory.people.com.cn/GB/n1/2017/1201/c40531-29680137.html.

② 习近平出席全国宣传思想工作会议并发表重要讲话[EB/OL].[2021-08-18].http://www.gov.cn/xinwen/2018-08/22/content_5315723.htm.

③ 习近平主持召开教育文化卫生体育领域专家代表座谈会强调　全面推进教育文化卫生体育事业发展　不断增强人民群众获得感幸福感安全感[N].人民日报,2020-09-23（1）.

二、新时代我国的文化使命

文化强则民族强，文化兴则国家兴。文化在国家的发展和崛起过程中起着重要的作用，在不同的历史阶段，文化有着不同的历史使命。"十四五"时期，我国将在全面建成小康社会、实现第一个百年奋斗目标的基础上，开启全面建设社会主义现代化国家的新征程。在新的历史起点，文化肩负着更加重要的时代使命。要实现党的十九届五中全会提出的到 2035 年基本实现社会主义现代化的远景目标，就必须把文化建设摆在更加突出的位置，弘扬优秀世界观和价值观，繁荣发展文化事业和文化产业，引领新的道德风尚，提高社会文明程度，满足人民日益增长的精神文化需求，激发文化发展新活力，为实现中华民族伟大复兴提供坚强的思想保障和丰润的文化滋养。

新时代我国的文化使命有着更为崇高的目标和更加重要的含义。文化的重要性和意义不仅体现在个人价值的提升，还体现在民族的团结，对于国家的发展和世界的和谐稳定起着重要的作用。新时代我国的文化建设担负着以下历史使命：

1. 发掘中华优秀传统文化价值，涵养社会主义核心价值观

当今世界正在经历百年未有之大变局，我国肩负着实现中华民族复兴的重要使命，必须把"坚定新时代中国特色社会主义思想"作为文化建设的首要任务和根本遵循。只有坚持马克思主义在意识形态方面的指导地位，坚持社会主义核心价值体系，才能确保文化建设朝着正确的方向不断前进。文化是人类认识自然和社会实践的产物，文化的发展具有显著的时代特征，不可避免地受到人类认知水平、社会发展条件、科学技术水平的影响。我们在新时代践行社会主义核心价值观的过程中，需要以批判的眼光审视传统文化，发掘和弘扬优良的思想理念、道德观念和精神品质，让中华优秀传统文化成为人民的思想沃土和精神源泉，引领社会风尚。同时，文化的发展要秉持守正创新，一方面要坚守长期以来中华文化中形成的优秀内涵，使之根植于民族，成为特有的民族特质和核心价值，发挥以文化人、以文育人、以文树德、以文立身的作用；另一方面要与新时代的发展要求相结合，积极借鉴其他文化的优秀成分，充分利用现代信息技术对传统文化加以改造创新，重构新时代社会主义先进文化形态，在创新中实现文化的飞跃发展。

2. 强化民族认同感自豪感，加强文化自信和爱国热情

优秀传统文化是国家和民族的"根"和"魂"。"灭人之国，必先去其史"，即是说要让一个民族灭亡，就要让其忘掉历史，解构文化，破坏民族认同。一个民族一旦丢掉了文化传统，就被切断了民族的命脉，丧失了本民族独特的文化基因和精神标识①。当前，我们正处于建设中国特色社会主义现代化国家的新征程中，这一伟大实践史无前例，无疑会受到各种思潮和观点的冲击。这就要求我们必须发掘中华优秀传统文化中的核心价值理念，发挥传统文化凝聚人心的重要作用，强化民族认同感和自豪感，团结各族民众，心往一块儿想、劲儿往一处使，众志成城、艰苦奋斗，不断推进现代化建设。中华文化是现今世界上唯一历经几千年而延续至今的原生文化，中华民族历经艰难而生生不息，靠的就是对民族身份的高度认同、对民族文化的自信以及高度的爱国主义精神。"文化自信，是更基础、更广泛、更深厚的自信，是更基本、更深沉、更持久的力量。"②爱国主义则是中华民族最朴实、最强烈的情感，是民族精神的核心价值。推广优秀传统文化，需要将爱国主义教育贯穿始终，弘扬集体主义观念，"天下兴亡，匹夫有责"的忧国忧民思想，维护祖国统一和民族团结的坚定信念，攻坚克难、勇于斗争的革命精神。新时代的文化使命就是要树立中华民族正确的民族观、世界观、价值观，以强烈的文化自信和爱国热情建设社会主义现代化强国。

3. 构建现代文化治理体系，助力现代化事业全面发展

中国梦的实现，需要物质文明和精神文明相互促进、共同繁荣。社会主义现代化是社会各方面全面发展、物质和精神相协调的现代化。推动社会全面发展，离不开文化的涵养和支持，社会主义文化的大发展和大繁荣则需要依靠推进文化治理体系和治理能力现代化来实现。党的十九届四中全会通过的《中共中央关于坚持和完善中国特色社会主义制度　推进国家治理体系和治理能力现代化若干重大问题的决定》指出："发展社会主义先进文化、广泛凝聚人民精

---

① 魏欣羽.内涵·逻辑·特点·旨趣:习近平传统文化观四维探析[J].石河子大学学报（哲学社会科学版）,2019（1）:17-22.

② 习近平.坚定文化自信,建设社会主义文化强国[EB/OL].[2019-06-16].http://www.qstheory.cn/dukan/qs/2019-06/16/c_1124628547.htm.

神力量，是国家治理体系和治理能力现代化的深厚支撑。"[1] 要以马克思主义中国化时代化最新成果为指导，推动文化管理体制机制创新，健全公共文化服务体系，鼓励现代文化市场体系，建立人民文化权益保障制度，创新文化内容和生产模式，完善舆论导向机制，形成具有中国特色的、协同高效的现代文化治理体系。在实现全面文化脱贫和文化小康的基础上，推动社会主义文化大发展大繁荣，为社会各方面建设提供更优质的文化资源与精神产品，提高国家文化软实力，履行好"举旗帜、聚民心、育新人、兴文化、展形象"的使命任务，促进满足人民文化需求和增强人民精神力量相统一，推进社会主义文化强国建设。

4. 提供中国方案中国智慧，推动构建人类命运共同体

"求同存异"是中华优秀传统文化的重要特点，在长期发展过程中，中华文明不断加强自身的创新与变革，同时还积极吸收外部文化的长处，形成了具有包容性和普适性的处世和治世原则，这些宝贵的思想也为现代社会处理人与人及国与国的关系，减少分歧、促进共识提供了强大的思想武器和中国智慧。当前，全球化的浪潮席卷世界，各国家、各民族已成为相互交融、休戚相关的命运共同体。同时，国际社会还处于一个大调整、大变革的时代，种族主义、恐怖主义、极端势力、意识形态分歧等为国际局势的动荡埋下隐患。以"德泽天下、协和万邦"为特质的中华文明正在以非凡的气度吸引着越来越多的世界眼光，各种"中国模式""中国方案"也因在应对各种风险挑战中的成功表现赢得了越来越多的尊重和赞叹。和谐、稳定、发展、共赢是各国人民的理想和追求。中华文化要以开阔的胸怀、包容的胸襟、自信的姿态与各国人民开展对话，为促进不同文明的交流互鉴、构建和谐共荣的人类命运共同体、推动世界和平发展贡献东方智慧。

---

[1] 中共中央关于坚持和完善中国特色社会主义制度 推进国家治理体系和治理能力现代化若干重大问题的决定[EB/OL]. [2019-11-05].www.gov.cn/zhengce/2019-11-05/content_5449023.htm.

第三节 推动新时代中华优秀传统文化的创新与发展

习近平总书记在十九大报告中提出，要"推动中华优秀传统文化创造性转化、创新性发展"。这是新时代传承和推广中华优秀传统文化的总要求和总目标，也是实现社会主义文化繁荣发展的必由之路，为未来我国文化建设事业指明了发展方向。新技术环境下，科技发明和应用层出不穷，深刻改变着社会各行业的状态，也重新塑造着人们的生活方式。技术的进步与应用在为文化传承与推广带来便利的同时，也使传统文化面临着重大的挑战：第一，传统文化的形态和传播方式已不能很好地适应智能化和移动化的需要，如何借助技术手段实现传统文化转型和升级关乎文化生命力的延续；第二，互联网环境下，信息的流动和交互突破时空的限制，在方便信息交流的同时也带来了不良文化侵袭、意识形态安全等问题，创建安全良好的网络信息环境对于保持独立自主的文化体系和良好的发展氛围至关重要；第三，新技术的使用在某种程度上扩大了各地区的文化发展差距，新技术催生出新的负面事务，对监管体系造成严重的影响，需要建立现代文化治理体制来解决出现的一系列问题。本节从理论和实践角度对推动实现新时代中华优秀传统文化的创新与发展进行分析。

一、传统文化创新与发展的必要性

推动中华优秀传统文化的创造性转化与创新性发展是新的技术条件下传承和延续民族精神和文化命脉的内在需要，也是新时代实现民族复兴和国家富强的客观要求。面对新的历史契机，传统文化应该不断适应现代社会的变革和创新，让古籍和文物里的文化"活"起来，使其保持长久而旺盛的生命力。

从个人发展的角度来看，当今人类社会正处于一个大发展、大变革、大调整的时代，我们面临着世界多极化、经济全球化、社会信息化、文化多样化的社会发展特征。不同的文化意识形态、价值理论冲击着人们的人生观、世界观、价值观。中华优秀传统文化必须要经过创造性转化和创新性发展，才能与现代社会文化相融合，从而焕发出新的活力。实现中华优秀传统文化的创造性转化和创新性发展，就要促使中华优秀传统文化融入生产生活，让更多人自觉读史学理，正确对待外来文化，增强文化自信。建设社会主义文化强国，必须牢牢地扎根于传统文化的土壤，要在延续民族文化血脉的基础上，全面提升人民群众的文化素养、维护国家文化安全、增强文化认同感、文化自信。

从社会经济发展的角度来看，先进的文化理念是经济发展、社会进步的重要的动力之一。恩格斯曾经说过，文化根植于一个民族或一个时代的一定的经济发展阶段。我们要将中国传统文化和社会经济发展当作一个有机的整体来对待。在当下社会经济、科技、文化快速发展的时代，我们要以"苟日新，日日新，以日新"这种革故鼎新、与时俱进的精神，协调好社会经济与传统文化之间的关系，并促进"顺乎天而应乎人"的社会变革，创造新时代的文化。中华优秀传统文化的创造性转化和创新性发展要始终保持与社会发展同步，要基于独特的文化传统和基本国情，为当代中国的文化和价值观注入新的精、气、神。

从国家发展的角度来看，新时代中国特色社会主义建设要继续弘扬和发展中国传统文化，这是合乎历史的正确选择，也是历史发展的必然。梁启超曾说："凡一国之能立于世界，必有其国民独具之特质，上自道德法律，下至风俗习惯、文学美术，皆有一种独立之精神。"这种独立的精神即为民气国魂，与国之兴衰息息相关。新时代的民气国魂建设，需要建立在对优秀传统文化传承转化的基础之上。中华优秀传统文化包含着丰富的为政之理、治吏之道，是应当精心采掘和创造性运用的智慧矿藏。站在中华民族伟大复兴的新起点上，我们要以马克思主义基本原理与中国具体实际相结合，科学地认识中华优秀传统文化，让传统与现代形成有机的整体，坚持文化的转化与创新，在传承的基础上努力培育民族新文化，致力于中华文化与世界文化的和谐共生，从而提高文化软实力。

二、"创造性转化"与"创新性发展"的关系

习近平总书记指出："创造性的转化，就是按照时代特点和要求，对那些至今仍有借鉴价值的内涵和陈旧的表现形式加以改造，赋予其新的时代和表现形式，激活其生命力。"[1] 我国古代传统文化具体的形态和内容，带有时代的烙

---

① 习近平系列重要讲话读本：创造中华文化新的辉煌[EB/OL]. [2014-07-09]. http://opinion.people.con.cn/n/2014/0709/c373228-25258047.html.

印，具有一定特殊性。但它们作为民族的文化，是先人经验和智慧的结晶，贯穿于民族的全部历史，是民族的根与魂，有着普遍性的品格。我们要用辩证的思想来认识事物的普遍性和特殊性，并加以区分。对于传统文化不能只看其表面的、形式上的具有特性的东西，要深入挖掘其共性，让其与当下社会建立起关联。文化的创造性转化就是要从现实出发，以社会标准从理念、内容、表达、形式等各层面上进行转化。但在文化的转化过程中，也不能笼统地弃旧图新。创造性转化是针对传统文化之中随时代变化而变化的部分而言的。

创新性发展，需要根据时代发展的新特点，对中华优秀传统文化的内涵加以补充、拓展、完善，既有综合，又有创新，以增强其影响力和感召力[①]。随着社会的发展，人与人的关系及其关系的形式都发生了巨大变化，这使得原来适用于旧的人际关系及其形式的规范在新的社会结构条件下不再适用。如现代社会企事业单位中的人际关系主要是"同事"，这种社会关系是古代社会很少有的。在新的社会制环境中，传统文化要发挥其教化功能，只能通过不断拓展和完善，积极地调整自己以适应现代社会。"创新性发展"是尊重传统文化的思维主线和思维特征，从中汲取思想的养料，结合社会需求和民众意愿，完成对于文化的提升和思想的超越，进而解决现实问题。"创新性发展"是以中华传统文化为依托进行的创新努力，"中华传统文化"是底色，"发展"是追求，根本特征是"创新"。传统文化创新性发展的原则是要植根于中华优秀传统文化的沃土，汲取革命文化的精髓，秉承马克思主义与时俱进的理论品质，凸显中国特色社会主义文化的本质属性，为建设中国特色社会主义伟大事业提供强大的思想保障和精神支撑。

三、理论依据

文化通常是相对于政治、经济而言的，它作为一种精神力量，能够在人们认识世界、改造世界的过程中转化为物质力量，在与经济、政治的相互影响、相互交融中推动社会的进步与发展。毛泽东曾经说过："一定形态的政治和经济首先是决定那一定形态的文化的；然后，那一定形态的文化才给予影响

---

① 陈来. 人民日报：弘扬中华优秀传统文化的根本指引[EB/OL].[2016-09-22]. http://opinion.people.com.cn/GB/n1/2016/0922/c1003-28731316.html.

和作用于一定形态的政治和经济。"① 结合现代社会发展现状来看，文化在现代经济总体格局中的作用越来越突出。文化可以通过物质载体而对象化、客观化，从而更好地被人们感知、体悟、理解。文化作为人类生产活动的产物，产生于在长期社会实践活动中形成的社会意识形态，并反作用于社会实践，起着塑造人和引导社会的作用。文化能够整合社会群体，能够为人们的行为方向提供导向，能够通过价值观及行为规范的确立来维持社会秩序。国家和社会的有序运行，离不开文化的长期建设。纵观当今各国发展，文化已经成为民族凝聚力和创造力的重要源泉，成为社会经济发展的重要支撑和综合国力竞争的重要因素。

在哲学、社会学以及经济学等领域，国内外众多专家学者对于文化本身以及文化对社会经济产生的作用已经有了较为广泛和深入的研究。综合各学者的研究成果，关于传统文化传承与发展的主要理论有如下三种：

1. "科学、技术与社会"理论（Science，Technology and Society，STS）

"科学、技术与社会"是一个新兴的、自然科学和社会科学相交叉的研究领域，出现于 20 世纪 60 年代。当时的科学技术迅猛发展，深刻地影响着社会生活的各个方面，整个社会因为科学技术的推动得到高速发展，使得科学技术前所未有地受到追捧和崇拜。然而，科技的迅速发展也带来了相当多的问题，如在世界范围内，武器在战争中的大量使用及工业生产带来了环境污染、生态破坏和资源浪费等情况，这使人们看到了科学技术发展的负面影响，从而对科技的价值和意义产生困惑。由此，在学界产生了科学主义和反科学主义两种思想。不管关于这两种思想的争论如何激烈，科学技术继续高速发展的脚步从未停止。其中，电子计算机的发明、发展和广泛应用已经逐步影响到社会的整体发展。先进科技已成为国家实力的象征。对科学、技术的本质及其与社会的相互关系进行反思，成为学术界的一项重要议题。如何发挥和利用科学技术的积极作用？如何防止和减少科技应用对人类社会所造成的负面影响？对这两个问题的探讨是 STS 理论研究应运而生的根本原因②。

---

① 1940年1月　新民主主义论[EB/OL].[2020-09-14]. http://www.cctv.com/special/756/1/49712.html.

② 孙小礼."科学、技术与社会"研究的现实意义[J].北京大学学报（哲学社会科学版），1996（6）:29-35,126.

STS 是关于科学、技术现象与社会现象的相互作用和相互影响的研究。科技对经济增长和国际事务的影响以及科技创新所引起的伦理和价值问题等，常常是 STS 学者关注的题目。此外，研究科技如何受社会因素（如意识形态、政治与经济力量以及文化价值等）的制约和影响，也是 STS 研究者非常感兴趣的问题。现如今的科技研究，常被称为"大科学""大技术"，这里的"大"不仅在于其体量规模和影响力的巨大，更在于研究对象的复杂性和综合性。这使得科学的内涵渐渐超越原有的学科分类限制，更具有融合性和跨领域性。在现代科技的推动下，自然科学与社会科学已不再是相互独立的两方面。

20 世纪 50 年代末到 60 年代初，英国学者 C. P. 斯诺发表了一系列著述，尖锐地提出并论证了"科学文化"与"文学文化"的关系问题，认为这两种文化的分裂，是英国经济社会发展中一系列困境和矛盾难以解决的根本原因。这一观点被称为"斯诺命题"，成为 STS 研究的先驱[1]。C. P. 斯诺强烈呼吁要促进被割裂的科学文化和人文文化之间的沟通和融合。

STS 这一研究领域的形成和发展，在自然科学与社会科学之间很好地起到了连通和衔接的作用。科学技术在社会发展中的地位越来越重要，在国家的综合国力竞争中日益成为一个决定性的因素。但是，科学技术不是一个孤立的因素，不可能孤立地起作用，也不可能独立发展，只有同政治、经济、法律、教育、文化等诸多社会因素协同配合，才能显示其作用和力量。

结合中国的历史发展与社会现实，近代中国科学的落后成为阻碍社会发展的一个重要制约因素。当时欧美各国实力强大，应用科学发明在其中起着重要的作用，而且科学思想在西方国家的学术、思想方面也起着指导性的作用。进入 20 世纪初期，中国的众多爱国知识分子投身"科学救国"的实业中，倡导科学和民主，发起了新文化运动。历史的事实证明，要发展科学，需要一定的社会条件，没有良好的人文精神、深厚的文化底蕴，科学技术是难以发挥出有效的推动作用的，更难以振兴中国。

2. 制度变迁理论（Institution Change Theory，ICT）

制度变迁理论是产生于 20 世纪 70 年代前后的一个经济学理论。美国经济

---

① 田鹏颖.科学技术与社会（STS）——人类把握现代世界的一种基本方式[J].科学技术哲学研究,2012（3）:97-101.

学家道格拉斯·C.诺思在研究中发现了制度因素的重要作用，他的制度变迁理论使其在经济学界声名鹊起，成为新制度经济学的代表人物之一。

该理论认为，制度的构成要素主要包括正式制度（例如法律）、非正式制度（例如习俗、宗教等）以及它们的实施，这三者共同界定了社会的尤其是社会经济方面的激励结构。非正式制度包括了价值观念、伦理规范、道德观念、风俗习惯和意识形态等，其中意识形态处于核心地位。由于不同地域的文化传统和文化环境不同，其在经济活动中常表现出不同的生产经营观和价值观，这就会引起不同的经济行为，进而使经济发展呈现出一定的差异性。

正式制度具有强制性。而非正式制度是在漫长历史发展过程中形成的，不依赖于人的主观意识的文化传统和行为规范，是对人的行为的不成文的约束，是一个人对其他人行为方式的稳定预期，这种预期不是来自正式制度，而是来自社会共识，因此文化传统是非正式制度的主要来源。诺思提出，在社会结构的各个领域，控制结构主要是由行为规范、行为准则和习俗来确定的[①]。正式制度往往是非正式制度在长期发展与沉淀中形成的结果。而正式制度具有的凝聚性功能，这体现在非正式制度在一定地域范围和人群中形成后，很难发生变迁。

在制度变迁的过程中，非正式制度会在与社会发展不相适应时被逐步淘汰或抑制，非正式制度也会通过革新和更替，成长为新的社会发展助推力，从而为社会继续变迁和前行提供驱动力。

文化的概念，本身就是放在社会活动中的维度去解释的。在《辞海》中，文化被解释为"人类在社会历史发展过程中所创造的物质财富和精神财富的总和"。文化包含了物质文化、精神文化、制度文化与行为文化。无论是从空间维度还是时间维度去考察，人们都会发现文化具有民族的、地域的差异性和历史的延续性。所以，对文化的理解是无法脱离开它所处的环境与时代的，即使在制度完善先进的现代社会，正式制度只是社会约束中的一小部分，人们之间的关系仍然主要靠非正式制度来维持，非正式制度在社会关系中起到了举足轻重的作用。

---

① 胡朝举,李迎旭.地域文化影响经济发展的内生机制研究——基于制度变迁的理论视角[J].宜春学院学报,2016(7):35-39.

在长期的共同认知下，人们拥有了共同或相似的民族认同感和文化共识。这种社会凝聚力量在调节社会经济生活的时候，会产生诸如"同根同族"的思想意识。人们依靠这种自发力量，可以形成强大凝聚力并朝着共同的目标迈进，在满足个人利益要求的情况下，进一步达成符合整个社会需要的促进社会利益的结果。有时，非正式制度对人们行为的影响力甚至大于正式制度，特别是一些民族习俗和生活习惯，对整个民族具有强大的规范功能，也对经济发展轨迹和社会整体进步有着深刻影响。同样的，人们规范自己的行为符合社会意识形态的要求则可促进社会进步，反之不然。

3. 文化产业理论

"文化产业"一词是阿多诺和霍克海默在《启蒙辩证法》一书中率先使用的概念。联合国教科文组织关于文化产业的定义如下：文化产业是按照工业标准，生产、再生产、储存以及分配文化产品和服务的一系列活动。这是从文化产品的工业标准化生产、流通、分配、消费的角度对"文化产业"进行的界定。阿多诺和霍克海默对于从艺术和哲学的价值出发讨论文化产业是持批判态度的，他们认为借助现代科技手段而标准化、规模化地生产出的文化产品抹杀了文化意识的自觉性。而与之相对，法兰克福学派代表人物本雅明则对文化产业和大众文化持乐观态度，认为艺术品的复制可以把艺术从宗教仪式的古老传统中解放出来。这实际上是西方学派对于传统文化在新社会形态中定位的争议。经过发展嬗变，学者先后结合信息技术对国民社会以及经济的贡献作用提出了知识工业、信息工业等概念。20 世纪 60 年代，文化帝国主义批判领袖席勒提出文化帝国主义暴风式的影响会导致文化多样性和创造性的减少，其以更为隐秘的形式对各国的传统文化进行侵蚀改造，在全球化浪潮中更应警惕文化侵略[①]。随着科学技术的发展和社会经济的进程推进，与文化产业相关的一系列概念应运而生，如信息产业、媒体产业、内容产业、版权产业等成为社会运转中常见的概念，文化产业也不再是简单地被判断为好或坏的新兴事物，它需要被与经济、社会和文化的某些根本性变化联系起来看待。

对于文化产业的概念与范围，世界各国与学界都有着不同的界定。英国曼

---

① 吴靓.重读席勒:信息时代"文化帝国主义"的发展[J].新闻研究导刊,2018(20):79-80.

彻斯特大学大众文化研究所执行主任贾斯廷·奥康纳认为，"文化产业是指以经营符号性商品为主的那些活动，这些商品的基本经济价值源自于它们的文化价值"，"它首先包括了我们称之为'传统的文化'产业——广播、电视、出版、唱片、设计、建筑、新媒体——和'传统艺术'——视觉艺术、手工艺、剧院、音乐厅、音乐会、演出、博物馆和画廊"①。作为有着悠久文化传统的国家，法国仍然沿用文化产业的概念，其对文化产业的定义是：传统文化事业中具有可大量复制的产业②。

总体来说，"文化产业"这一概念可以分成"文化"和"产业"两个层面来理解。在文化这个层面上主要包含着艺术、创造性等精神内容，在产业这个层面上主要包含着经济方面的内容。我们可以把"文化产业"理解为对"文化"的发展和历史延伸。

文化产业的发展如今在世界上已经引起普遍高度重视。在各国的文化政策中，文化被一致认为不再是一种辅助性行为，而是社会的一种驱动力。"新兴媒体相关的文化不仅要为多媒体产业创生新的内容，并把握旧有的文化遗产，而且要努力学习沟通与创新的新方式"，"此种文化不仅会对就业产生影响，而且对自身也有重大意义"。最直观的体现就是，美国大众文化对各个国家的深入影响、日韩娱乐产业席卷全球以及欧洲国家对传统文化遗产的鼎力扶持，从这些现状可以看出各国政府在文化政策与文化管理层面上高度一致的态度。

以上三种理论分别从社会发展、经济制度及经济产业方面阐释文化在其中发挥的核心作用。优秀传统文化是中华民族强大的精神支撑，我们应保护和传承优秀传统文化，依托其巨大的文化创造力，加强在新环境下对优秀传统文化的挖掘、阐发和推广，使其更好地与现代社会相协调，与当代文化相适应，只有这样我们才能进一步以实践推进我国文化的繁荣兴盛，发展面向现代化、面向世界、面向未来的，民族的、科学的、大众的社会主义文化。

四、基本原则

要延续中华优秀传统文化的血脉并从历史传统中获取到精神养料，唯一的

---

① 李义杰.文化政策研究：工具性抑或批判性？——国外文化产业政策研究概论[J].理论月刊,2014(7):97-101.

② 苑捷.当代西方文化产业理论研究概述[J].马克思主义与现实,2004(1):98-105.

选择就是实现中华优秀传统文化的创造性转化与创新性发展。在创造性转化和创新性发展过程中，我们应注意把握以下几点：

1. 自觉礼敬民族历史，尊重中华传统文化

中华传统文化浩若烟海、博大精深，其哲学智慧深如汪洋、高如崇山。它既是华夏儿女的精神家园，也是中华民族传承和发展的根本。道家讲的"天行健，君子以自强不息；地势坤，君子以厚德载物"，儒家的"仁"的核心思想等，都有助于培育良好的品格和道德修养；"天人合一"是建立在自然无为基础上的人与自然和谐相处思想，有助于我们实现可持续发展；孔子的"和而不同"，孟子的"天时不如地利，地利不如人和"等思想还充分体现了中华文化的和谐精神。自信自豪地对待中华优秀传统文化，是中华儿女应有的文化自觉。中华优秀传统文化是发展新时代中国特色社会主义先进文化的基础，其创造性转化与创新性发展要基于礼敬民族历史、尊重中华传统文化这个基本前提，从其核心思想理念、中华传统美德、中华人文精神三个方面，用历史和科学的观点对传统文化进行梳理，萃取其精华。应对中华优秀传统文化的继承和发展加以科学规划，根据时代特征和当前任务，清理和挖掘中华优秀传统文化的积极内涵并加以阐释，赋予中华优秀传统文化以时代精神。

2. 传统与当代相结合，辨析精华糟粕

文化根植于现实，要想读懂文化的基因就必须立足于文化所产生的过程进行研究。而中华传统文化经历了漫长的历史岁月，难免会带有不同时期的历史烙印。正如习近平总书记所说："传统文化在其形成和发展过程中，不可避免会受到当时人们的认识水平、时代条件、社会制度的局限性的制约和影响，因而也不可避免会存在陈旧过时或已成为糟粕性的东西。"[①] 这就要求人们在学习、研究、应用传统文化时坚持古为今用、推陈出新，结合新的实践和时代要求，"有鉴别地加以对待，有扬弃地予以继承"，"而不能一股脑儿都拿到今天来照套照用"。毛泽东对传统文化的精华和糟粕进行分类时曾说："如同我们对于食物一样，必须经过自己的口腔咀嚼和胃肠运动，送进唾液胃液肠液，把它分解为精华和糟粕两部分，然后排泄其糟粕，吸收其精华。"[②] 但是精华与糟粕

---

① 习近平在纪念孔子诞辰2565周年国际学术研讨会暨国际儒学联合会第五届会员大会开幕会上的讲话[N].人民日报,2014-09-25(2).

② 毛泽东.毛泽东选集:第2卷[M].北京:人民出版社,1991:707.

也不是那么容易分辨的。对于传统文化要从新的视角来考察分析，本着"中华传统文化必须与当代文化相适应，与现代社会相协调"这一原则，采用科学的方法深入挖掘和并进行阐释。

3. 坚持马克思主义立场，践行社会主义核心价值观

对中华优秀传统文化进行转化和创新，促使其与当下社会相协调、适应时，必须要坚持中国特色社会主义道路，坚持马克思主义思想在意识形态领域指导地位。马克思主义是科学的世界观和方法论的统一，而社会主义核心价值观是中华优秀传统文化在现代社会的延续。传承中华优秀传统文化，要培育和践行社会主义核心价值观，从中华优秀传统文化中汲取营养，利用马克思主义的辩证思想，批判地继承和发展中华传统文化，并对其进行创造性的转化，深入推动马克思主义理论研究和实践进一步展开，也从理论和实践的不同层面上促进中华民族精神的弘扬和培育。与此同时，我们要坚决抵制全盘否定的历史虚无主义和全盘肯定的文化复古主义。

4. 借鉴吸收外来优秀文化，提升中华文化软实力

一个国家、民族的文化发展，不但要加大文化交流，扩大文化的影响力，同时也要吸收其他国家和民族优秀的文明成果。中华文明是世界古代四大文明中唯一没有断裂的文明，其中最主要的原因就在于中华文化的包容与开放。文化交流能极大促进文化创新，在不同国家的文化与本土文化的撞击中力求创造出"既是民族的、又是世界的"新文化产品。习近平总书记指出："使人类创造的一切文明中的优秀文化基因与当代文化相适应、与现代社会相协调，把跨越时空、超越国度、富有永恒魅力、具有当代价值的优秀文化精神弘扬起来。"[①] 在文化的创造性转化和创新性发展中，要始终秉承"传承发展中华优秀传统文化，要不忘本来、吸收外来、面向未来"的理念。要吸收借鉴国外优秀文明成果，积极参与世界文化的对话交流，不断丰富和发展中华文化。

"千磨万击还坚劲，任尔东西南北风。"中华民族历经磨难而不衰、饱经风霜而不败的一个重要原因就在于这个民族富有一种特殊的文化基因——中华优秀传统文化。我们要科学地对待我们的优秀传统文化，实现中华民族伟大复

---

① 习近平在纪念孔子诞辰2565周年国际学术研讨会暨国际儒学联合会第五届会员大会开幕会上的讲话[N].人民日报，2014-09-25（2）.

兴，使中华优秀传统文化在中国大地上持久"火起来"、真正"活起来"。中国特色社会主义的创造性实践，是实现中华优秀传统文化创造性转化、创新性发展的最强推动力，也是检验我们在新时代的治国理政中是否用好了中华优秀传统文化的根本标尺。

创造性转化与创新性发展两者是辩证统一的，两者既有差别，又紧密连接、不可割裂。传承和推广的主体是中华传统文化，创造性的转化要立足中华传统文化本身，强调在内容上的转化，转化中要有区别地对待，有扬弃地继承；创新性发展以中华传统文化为依托，与当代文化相适应，使传统文化更好地融入现代社会，强调在形式上创新。创造性转化与创新性发展是一种由此及彼、相互衔接的承接关系，是前后相继、互为支撑的。转化是方向，创新是重点。善于继承才能善于创新，在扬弃中继承，在继承中发展，在发展中创新。在新时代中国特色社会主义建设中，"两创"方针的鲜明指向，就是立足于实践，把跨越时空、超越国度、富有永恒的魅力、具有当代价值的文化精神弘扬起来，兼收并蓄其他优秀文化成果，通过转化再造、创新发展，使中华优秀传统文化焕发新的生命力。

五、实践途径

习近平总书记曾多次强调中华优秀传统文化的历史影响和重要意义，并赋予其新的时代内涵。中华民族的伟大复兴要以弘扬中华优秀传统文化为前提。中华传统文化之所以被放在如此重要的位置，是因为"中华文明源远流长，蕴育了中华民族的宝贵精神品格，培育了中国人民的崇高价值追求。自强不息、厚德载物的思想，支撑着中华民族生生不息、薪火相传，今天依然是我们推进改革开放和社会主义现代化建设的强大精神力量"[1]。"独特的文化传统，独特的历史命运，独特的基本国情，注定了我们必然要走适应自己特点的发展道路。"[2]

中华优秀传统文化的传承，并不是简单地向后看或"怀旧"，而是要以中

---

[1]　习近平:深入开展学习宣传道德模范活动　为实现中国梦凝聚有力道德支撑[N].人民日报,2013-09-27(1).

[2]　习近平:胸怀大局把握大势着眼大事　努力把宣传思想工作做得更好[N].人民日报,2013-08-21(1).

华优秀传统文化中的核心价值作为出发点，取其精华、去其糟粕，通过在新环境下与当代社会因素的有机融合，使传统文化在民族性与普遍性、传统性与现代性、区域性与全球性中做好兼顾和取舍。文化的传承并不是要抓住过去不放，更不是要将已经取得的文化成果拿来孤芳自赏。文化是开放的、具有流动性的，在传统与现代的矛盾、冲撞所产生的张力中不断前行。

1. 做好教化育人工作

任何物质或精神的流传与继承离不开人的存在和行为。一个民族的未来和希望，在于这个民族和社会的人文素质以及核心凝聚力。以美国为例，曾在哈佛大学担任了 40 年校长的艾略特提出，美国大学必须从自己深厚的文化土壤中成长起来。在此后的一个世纪里，包括哈佛大学在内的美国著名高校力图通过加强通识教育使大学植根于美国的文化土壤，并由此影响整个社会。在对国家青少年的培育过程中，树立正确的道德观、价值观，使青少年了解中华文化的深厚的文化底蕴和文化魅力，建立下一代人的文化自信，在推动社会发展、推进国家和民族崛起方面有着至关重要的作用。2014 年 3 月，教育部制定了《完善中华优秀传统文化教育指导纲要》，明确要以爱国、处世、修身为主题，加强中华优秀传统文化教育。现今，关于中华优秀传统文化的各类教育书籍也层出不穷，像这样以深入浅出的出版、宣传及活动方式使传统文化精髓植根于下一代教育中的理念，得到了社会普遍认可。

2. 保护好、利用好文化遗产

文化遗产可分为物质文化遗产和非物质文化遗产，它们都是古代祖先在长期的生产生活实践中留给当代人的智慧思想结晶，是我们的宝贵财富。物质文化遗产是指具有历史、艺术和科学价值的文物。物质文化遗产包括古遗址、古墓葬、古建筑、石窟寺、石刻、壁画、近现代重要史迹及代表性建筑等不可移动文物，历史上各时代的重要艺术品、文献、手稿、图书资料等可移动文物，以及在建筑式样、分布均匀或与环境景色结合方面具有突出普遍价值的历史文化名城（街区、村镇）。通过对物质文化遗产的研究，我们可以了解历史各个时期的经济、政治以及人民生活状态、思想状况和发展阶段，这对现代社会继承知识成果、汲取经验和提高创造力都十分重要。非物质文化遗产是指各种以非物质形态存在的，与群众生活密切相关、世代相承的传统文化表现形式。其最大的特点是不脱离民族特殊的生活生产方式，是民族个性、民族审美习惯的"活"的显现。它依托于人本身而存在，以声音、形象和技艺为表现手段，并以口口相传作为文化链而得以延续，是"活"的文化及其传统中最脆弱的部分。如果不保护好这些脆弱而珍贵的遗产，遗产的快速流失将造成文化传承的"隔断"，对我们研究中华优秀传统文化、吸收其中的先进智慧结晶从而推进创新发展造成重大阻碍。

目前，我国正通过实施馆藏文物修复计划、中国传统村落保护工程、非物质文化遗产传承发展工程等，进一步提高物质文化遗产及非物质文化遗产的保护力度。例如，通过保护传承方言文化、加强少数民族语言文字和经典文献的保护和传播、实施中华民族音乐传承出版工程等，维护民族文化的多样性与多元化。

3. 发展新时代文学艺术

前人流传下来的文学经典、艺术作品是我们最易捕捉到的中华优秀传统文化表现形式。文学和艺术作品中记录的思想精华和时代观点，是塑造优秀传统文化的重要因子。习近平总书记 2014 年在文艺工作座谈会上曾讲："我们的先人早就认识到'远人不服，则修文德以来之'的道理。阐释中华民族禀赋、中华民族特点、中华民族精神，以德服人、以文化人是其中很重要的一个方面。"[1] 从春秋到唐宋、从明清到近现代，数不胜数的文艺大师留下了浩如烟海的文艺精品，为中华民族提供了强大的创造力。

对待文艺作品，不仅要对前人的成果进行继承和汲取，更要在此基础上创造出反映当代国家和民族文化创造力和水平的优秀作品。具有吸引力、启迪性，集思想性、艺术性与观赏性于一身的优秀作品，能够创造出引领时代风气的奇迹，也是人与人之间、国与国之间最好的沟通桥梁。

做好文化传承工作，就要重视滋养文艺创作，既要善于从历史宝库中汲取营养，又要懂得将中华优秀传统文化的有益思想、艺术价值与时代特点和要求相结合，运用丰富多样的艺术形式进行当代表达，只有这样才能创造出经得起人民评判和历史检验的优秀作品。我国正在推进科学制订重大革命和历史题材、现实题材、爱国主义题材、青少年题材等专项创作规划，提高创作生产组

---

① 习近平在文艺工作座谈会上的讲话[EB/OL]. [2021-08-08]. http://jhsjk.people.cn/article/27699249.

织化程度，彰显中华优秀传统文化的精神内涵和审美风范。同时对中华诗词、音乐舞蹈、书法绘画、曲艺杂技和历史文化纪录片、动画片、出版物等彰显民族文化特色的项目加强扶持。实施戏曲振兴工程，做好戏曲像音像工程，挖掘整理优秀传统剧目，推进数字化保存和传播。

互联网技术和新媒体改变了文艺形态，催生了一大批新的文艺类型，也带来文艺观念和文艺实践的深刻变化。在此环境下，我国提出实施网络文艺创作传播计划，积极适应形势发展，加强正面引导力度，推动网络文学、网络音乐、网络剧、微电影等流行文化作品传承发展中华优秀传统文化。在大众推广策略上，通过实施中国经典民间故事动漫创作工程、中华文化电视传播工程，组织创作一批传承中华文化基因、具有大众亲和力的动画片、纪录片和综艺节目。

4. 将中华优秀传统文化精髓融入人民生产生活

中华优秀传统文化不仅限于国学、文艺、思想流派等形而上的意识形态或精神财富，也包括古人流传下来的科学、技术、系统工程等多方面的生产生活知识成果。我国科学技术在16世纪以前是远远领先于西方的，数学、天文学、生命科学以及建筑工艺等多领域都在历史上达到过世界领先的水平。与古希腊不同，中国古代的科学和哲学充满求实的科学精神和辩证思维。诸如《天工开物》《水经注》《黄帝内经》等实践性成果的创作者，在当时较为原始的经济、交通、信息环境条件下能够完成如此规模的考证与探索，实为难能可贵。对于这一类传统文化形式，我们要传承的内容不是其已有的结论和成果，而是要继承前人完成科学探究并付诸实践的严谨治学的精神，探索他们在条件困难或重重阻力下论证猜想的实现手段与方法，感受他们在生产生活中不断创新前行的热情。在中国传统工艺、建筑、园林景观等各领域，都留下了独有的匠人精神带来的精湛成果。做好中华优秀传统文化在生产生活方面的传承和推广，对我国经济社会建设、人民生活改善和提升民族艺术审美水准都具有极大的作用。

要在生产生活中挖掘和发扬传统文化中的科学技术精神，就要深入社会生产生活的方方面面。挖掘和发扬城市历史文化价值，精选一批凸显文化特色的经典性元素和标志性符号，将之纳入城镇化建设、城市规划设计，突出传统文化特色；挖掘整理传统建筑文化，鼓励建筑设计继承创新，推进城市修补、生态修复工作，加强"美丽乡村"文化建设，发掘和保护一批"处处有历史、步步有文化"的小镇和村庄；支持中华老字号企业的发展，将文化特色浓、品牌信誉高、有市场竞争力的中华老字号做精做强；突出中国传统节日特色，丰富春节、元宵、清明、端午、七夕、中秋、重阳等传统节日文化内涵，形成新的节日习俗；加强对传统历法、节气、生肖和饮食、医药等方面的研究阐释，使其有益的文化价值深度嵌入百姓生活；实施中华节庆礼仪服装服饰计划，大力发展文化旅游，充分利用历史文化资源优势，引导游客在文化旅游中感知中华文化；推动休闲生活与传统文化融合发展，形成符合现代人需求的传统休闲文化；发展传统体育，抢救濒危传统体育项目，把传统体育项目纳入全民健身工程。

5. 通过对外交流合作提升文化传播力

文化在历史发展过程中本身就具有开放性、流动性。在社会经济与政治的影响下，随着人员的往来交流、衣食住行、贸易经商以及文学艺术的交流融合，文化被不断注入新的生命力。我国从春秋战国时期便已经开始了对外文化交流的进程。随着时代的发展，这种交流日益加深。因此，优秀传统文化的传承与推广，需要继续加强海内外的文化交流与合作，在新时代以创新的方式和内容进一步提升文化交流水平。

当前，带有"中国"标识的对外活动越来越有品牌力和影响力。例如，通过海外中国文化中心、孔子学院、文化节展、文物展览、文艺体育等机构与活动，融合优秀传统文化的精粹内容，进一步在国际交流中提升我国优秀传统文化的传播价值；通过进一步挖掘、完善文物、典籍、医药、园林、节日等具有典型性、代表性的文化项目，以喜闻乐见、易于接受的讲述方式面向海内外推广；借助大众传媒多途径多样化的方式，将民族戏曲、书法、国画等享誉中外的艺术作品向世界展示，充分发挥文化传递、沟通、共享的强大功能，让国外民众在审美过程中获得愉悦、感受魅力。

此外，相关部门还可以继续推进国际汉学交流和中外智库合作，加强中国出版物国际推广与传播，通过具有社会影响力的华侨华人、文化体育名人、我国驻外机构、中资企业、友好合作机构等，讲好中国故事、传播好中国声音、阐释好中国特色、展示好中国形象，从而传承与推广中华优秀传统文化。

第二章 新技术的发展及其对文化的影响

18世纪以来，科技革命，尤其是技术革命一直是产业革命的先导，产业革命是技术革命的结果，而新技术群和重大需求则是产业革命的前提条件[①]。回溯人类文明的演进，整个社会在科技族谱与文化脉络两张"进度表"上总是呈现出强烈的对应关系[②]。科技的每一次创新和进步都为人类文明的发展提供了强大的工具，推动文化载体、文化内容和文化服务的不断变革。当前，我国正处于建设社会主义现代化伟大征程和实现民族复兴的新时代，社会和科技发展日新月异。在政府各部门的主导和规划下，我国的科技产业将得到全面深入发展，科技创新与文化行业的深度融合正在引发影响深远的产业变革，形成新的文化内容、文化形态、文化服务模式。各国都在加大文化科技创新力度，将最新的科技应用于文化的传承和保护，使传统文化重新焕发生机，与时俱进，增强文化的认同感和影响力，扩大国家软实力和综合国力。

[①] 白春礼.世界科技发展新趋势[EB/OL].[2019-05-10]. http://scitech.people.com.cn/n/2015/0705/c1007-27254719.html.

[②] 陈鸣波.2013上海推进文化和科技融合发展年度报告[R].上海：上海市科技信息中心,2013.

第一节　技术发展现状及趋势

一、技术发展现状

当前，世界科技加速发展，科学技术向纵深演进，学科多点突破、交叉融合趋势日益明显。有关物质结构、宇宙演化、生命起源、意识本质等的一些重大科学问题取得原创性突破，开辟了新的研究方向。信息网络、人工智能、生物技术、清洁能源、新材料、先进制造等领域呈现群体跃进态势，颠覆性技术不断涌现，催生新经济、新产业、新业态、新模式，将对人类生产方式、生活方式乃至思维方式产生前所未有的深刻影响。科技创新在人类应对共同挑战、实现可持续发展中发挥着日益重要的作用。全球创新创业进入高度活跃期，人才、知识、技术、资本等创新资源全球流动的速度、范围和规模达到空前水平。创新模式发生重大变化，创新活动的网络化、全球化特征更加突出。全球创新版图正在加速重构，创新多极化趋势日益明显，科技创新成为各国实现经济再平衡、打造国家竞争新优势的核心，正在深刻影响和改变国家力量对比，重塑世界经济结构和国际竞争格局①。

放眼世界，很多国家都将文化遗产保护提升到维系本土文化独立性的国家战略高度，对其予以系统部署，将其作为维系民族团结、国家统一、文化自信、文化认同的重要举措②。利用科技手段支撑和引领传统文化保护与公共文化服务，是国际社会的普遍做法和策略。许多国家为争夺在国际上的话语权，纷纷将文化遗产保护纳入本国（地区）的科技规划或单独设立科技行动计划，如欧盟的"地平线2020计划"（Horizon 2020），法国的"全国知识与有形文化遗产材料保护研究计划"（Programme national de recherche sur la connaissance et la

---

① 国家中长期科学和技术发展规划纲要（2006—2020）[EB/OL]. [2019-06-01]. http://www.most.gov.cn/kjgh/kjghzcq/.

② 国家"十三五"文化遗产保护与公共文化服务科技创新规划[EB/OL]. [2019-06-20]. http://www.most.gov.cn/mostinfo/xinxifenlei/fgzc/gfxwj/gfxwj2016/201612/t20161221_129720.htm.

conservation des matériel du patrimoine culturel），美国的"拯救美国财富计划"（American Rescue Plan），我国的"平安故宫"工程和"中华古籍保护计划"[①]等。与此同时，借助空间数字化、文化传播网络化、装备智能化等现代高科技手段，构建较为完善的现代公共文化服务体系和发展文化创意产业，已经逐渐成为当今世界的热点。文化的传承和推广以信息技术为主导，智能计算、新材料新工艺、空间探测、智能感知和互联等新技术极大推动了文化形态的变革和发展。综合来看，主要有以下几类技术：

1. 信息传播及互联技术

（1）下一代互联网技术

下一代互联网是以 IPv6（互联网协议第 6 版）为核心的全新互联网架构，IPv6 的实际地址数量将达到 IPv4 地址总量的 1029 倍，传输速度也可以达到现在网络的 1000 倍以上。在下一代互联网支撑下，人们可以将 AI（人工智能）技术全面应用于媒体传播，节目生产更加智能；采用专业流媒体运营支撑平台，视听节目呈现品质更高；实时监测并分析收视大数据，内容推荐更精准。同时，下一代互联网还可以实现多种智能终端的互联互通，方便快捷、浸入感染、跨界融合的智能应用将得到快速发展。下一代互联网技术的智能应用，作为创意经济和智能经济的典型模式，已呈现出强大的经济发展潜力。

（2）物联网和智能感知技术

物联网是新一代信息技术的重要组成部分，也是信息化时代的重要发展阶段。由于物联网具有全面感知、可靠传输、智能处理等优势，许多文博单位将其作为预防性保护贵重藏品、对藏品环境进行实时监管的重要技术手段之一。物联网的应用主要有：藏品存放环境的监测、藏品管理、藏品安全防护等。

20 世纪 80 年代以来，传感技术作为现代信息技术的三大支柱之一，获得了飞速发展，其中一项重要技术就是智能感知技术。运用智能感知技术的智能感知系统是智慧场馆的基础系统，可以为图书馆、博物馆、美术馆、展览馆等提供人、物、设备的识别、定位、状态等数据信息。智能感知系统可以通过物联网、无线射频识别技术、智能定位技术等对资源和藏品、人员、仪器设备

---

① "十三五"国家科技创新规划[EB/OL]. [2019-06-01]. http://www.most.gov.cn/mostinfo/xinxifenlei/gjkjgh/201608/t20160810_127174.htm.

等数据信息（识别、定位、状态等）进行快速自动获取，实现对场馆中的人、物、空间进行实时的状态监管，从而做到对人、物一体化、信息化、智能化和精确化的管理[①]。

（3）下一代通信技术

下一代通信技术指第五代移动电话行动通信标准（5G），也被称为第五代移动通信技术。5G 具有更高的可靠性、更低的时延，其在文化行业主要有以下应用：

内容分发网络（content distribution network）。随着文化内容的爆发式增长，面向大规模用户的音频、视频、图像等相关服务急剧增加，网络流量的井喷会极大地影响互联网服务的质量。基于 5G 的内容分发网络会对未来 5G 网络的容量与用户访问提供重要的支撑。

移动云计算。近年来，智能手机、平板电脑等移动设备的软硬件水平得到了极大的提高。在 5G 时代，人们对全球的万物互联服务的需求将更大，对智能终端的计算能力以及服务质量的要求会越来越高。移动云计算将成为 5G 网络创新服务的关键技术之一。

情境感知。随着通信设备的海量增长，未来的 5G 网络不仅要承载人与人之间的通信，而且还要承载人与物之间以及物与物之间的通信，既支撑大量终端，又使应用的个性化、定制化成为常态。情境感知技术能够让未来 5G 网络主动、智能、及时地向用户推送文化信息。

2. 大数据及其相关技术

大数据是指规模大到在获取、存储、管理、分析等方面大大超出传统数据库软件工具能力范围的数据集合，具有数据规模大、数据流转快、数据类型多和价值密度低四大特征[②]。大数据技术是解决并处理大数据问题的一类技术的统称，涉及数据生命周期的各个环节。

在互联互通的大背景下，我国的文化服务和文化产业将进入一个新的发展态势。现阶段，大数据的研究和应用正成为信息时代的热点，我国文化行业的数字化资源、藏品信息、元数据、业务数据、用户数据、各项传感器数

---

① 朱宁,陈善敏.基于物联网下图书馆智能感知系统的构建[J].办公自动化,2017（10）:26-27.

② 于志军.大数据在电子商务中的应用[J].计算机与网络,2018（12）:9.

据、服务访问数据等已逐渐具备大数据的特点。随着技术的进步，文化大数据的价值将被充分发掘，大数据将是引领文化领域进入新格局的不可忽略的重要因素。近年来，国内外很多政府和文化机构已开始在大数据战略上积极布局，特别是在顶层设计、数据驱动创新和共享服务等方面进行了富有成效的实践。开展文化大数据规划对于促进我国文化产业发展、提升文化传承和推广水平具有重要的战略和现实意义。其中，涉及文化大数据的技术现状择要描述如下。

（1）异构计算技术

异构计算是一种特殊形式的并行和分布式计算，它能协调地使用性能、结构各异的机器以满足不同的计算需求，并使代码（或代码段）能以获取最大总体性能的方式来执行。异构计算技术于 20 世纪 80 年代中期产生，由于它能经济有效地获取高性能计算能力、可扩展性好、计算资源利用率高、发展潜力巨大，目前已成为并行分布计算领域中的研究热点之一。

（2）海量数据存储技术

数字文化资源的快速增长使得海量信息存储的需求不断增加。云存储是在云计算概念上延伸和衍生发展出来的一个新的概念。云计算是由分布式处理、并行处理和网格计算发展而来的，其通过网络将庞大的计算处理程序自动分拆成无数个较小的子程序，再交由多部服务器所组成的庞大系统，经计算分析之后将处理结果回传给用户。通过云计算技术，网络服务提供者可以在数秒之内处理数以千万计甚至亿计的信息，达到和超级计算机同样强大的处理能力。

（3）大数据分析技术

文化领域的大数据分析主要以各地文化机构共享资源和数据为基础，通过数据关联、资源整合和知识发现对文化大数据共享内容进行深入分析与加工，通过对文化内容数据的有序组织与提炼，为不同需求的用户提供形式多样的文化大数据服务。文化大数据的分析技术主要有以下四个方面。

①资源关联技术。我国各级公共文化机构和单位是文化数字资源和文化运营数据的聚集地。该技术从迅速增长的文化数字资源中发现有效的知识，与知识服务的趋势相契合。对文化数据资源关联知识发现过程的研究，为文化大数

据中知识服务的信息推送提供了实现路径①。

②资源整合技术。资源整合旨在通过类聚、融合、重组等方式实现资源的统一检索。文化资源整合需要图书馆、博物馆、档案馆、文化馆、美术馆、科技馆等多个机构主体共同参与。

③数据挖掘技术。数据挖掘就是从大量不完全的、模糊的、随机的实际应用数据中，提取隐含在其中的人们事先不知道，但又有潜在用途的信息和知识的过程。当前主流的技术主要有分类、聚类、关联性分析、预测分析、偏差检测等。

④知识发现技术。知识发现就是将数据挖掘所得到的数据，以人们最终可以理解的模式显示出来的一系列处理过程。在对文化信息资源进行深入分析与数据挖掘后，建立文化知识系统，就可以形成完整的知识脉络结构，为用户提供各种智能化的知识服务。

（4）数据可视化技术

数据可视化技术是一种表示数据或信息的技术，它将数据或信息编码为包含在图形里的可见对象，以图形化方式表示数据。数据可视化目前已在知识组织与知识图谱、文化资源展示服务、文化大数据统计分析等领域发挥重要作用。

3. 人工智能（AI）技术

人工智能是研究并开发用于模拟和扩展人的智能的理论、方法、技术及应用系统的一门新的技术科学。人工智能技术在文化传承和推广方面的应用可以通过以下方式实现。

（1）脑科学与认知技术

人们通过感官得到外部世界的信息，在头脑中对这些信息进行加工（综合与解释），形成对事物整体的认识，这就是知觉（perception）②。脑科学和认知技术对人脑功能和认知过程进行研究，有助于揭示类人脑学习的运作机制并推动人工智能发展，进而为知识发现和机器推理提供新的技术解决方案。

---

① 许微.基于知识发现机制的企业决策支持系统构建研究[D].湘潭:湘潭大学,2013.
② 彭聃龄.普通心理学[M].修订版.北京:北京师范大学出版社,2001:124.

（2）人机交互技术

人机交互是指通过人机交互界面使得用户与系统进行交流，并进行操作。人机交互技术领域热点技术的应用潜力已经展现出来，如游戏开发和视频拍摄中的动作识别技术，应用于虚拟现实和遥控机器人的触觉交互技术、自动语音识别技术等。

（3）智能计算技术

智能计算是一种经验化的计算机思考性程序，其灵感来源于自然界、生物界的规律，根据这些规律模仿设计算法。常用的智能计算技术包括遗传算法、模拟退火算法、进化算法、启发式算法、蚁群算法、粒子群算法、神经网络算法、模式识别技术等。智能计算在内容的聚类、组织优化、信息检索、知识发掘等方面的应用上具有重要意义。

（4）机器学习技术

机器学习是一门多领域交叉学科，涉及概率论、统计学、逼近论、凸分析、算法复杂度理论等多门学科。这项技术旨在研究计算机怎样模拟或实现人类的学习行为，以获取新的知识或技能，重新组织已有的知识结构，使之不断改善自身的性能。机器学习在文化行业的应用主要有数据挖掘、计算机视觉、自然语言处理、图像和音视频内容识别、搜索引擎、知识库构建、信息推理、语音和手写识别、电子游戏和机器人运用等。

（5）语义理解和智能决策技术

自然语言理解以语言学为基础，并融合了其他多种学科的理论，如逻辑学、心理学和计算机科学等学科，旨在通过对语法、语义、语用的分析，获取自然语言的语义表示。语义理解为机器处理语义信息、掌握概念之间的关系，以及知识推理等提供了必要的技术支持。基于语义理解的智能决策系统，充分应用了知识组织和知识发现领域的智能化技术，能够做到定性分析和定量分析有机结合，使得解决问题的能力更强、范围更大。语义理解和智能决策可以为网络内容监控、文本分析、知识关联和推理提供切实可靠的解决方案。

4.新材料和新工艺技术

（1）3D打印技术

3D打印技术是借助计算机、数控加工、材料科学等新技术，利用打印材料逐层堆积方式直接生成数字模型的实体模型技术。3D打印技术能够降低材料的消耗量，节约制造成本，已成为当前研究和应用的热点[①]。3D打印主要有以下应用：

①文物仿制。3D扫描和3D打印技术无须翻模，减少了翻模过程中翻模材料对于文物表面的损坏和腐蚀，能够更好地保护文物。与此同时，3D打印技术还能进一步提高文物仿制的速度和精度，真实再现文物的几何形状和细节特征。

②碎片拼接。文物是不可再生的文化资源，一旦破坏则很难恢复其原本的面貌。目前，文物修复过程中碎片拼接方式大多仍以手工拼接为主，由于文物碎片数量大、碎片之间的拼接关系难以确定，且部分文物碎片的体积大、重量大，拼接过程中不易移动，给文物的修复带来了困难。若利用3D打印技术，文物工作者便可以在修复过程中先运用实体碎片的模型进行拼接，确定碎片间的拼接关系，验证复原结果的正确性，然后再依据确定的拼接关系完成实际文物的拼接修复。

③文物和考古现场几何模型的全真保存。考古所涉及的空间跨度比较大，小到细微的颗粒物，大到巨型古建筑，且主要以几何信息为主。若使用3D打印技术，则可以将大的缩小，小的放大，轻松打印出文物的几何模型[②]。

（2）3D激光扫描技术

3D激光扫描测量系统主要由3D激光扫描仪和系统软件组成，测量时按激光脉冲所获得的空间距离，再根据水平方向和垂直方向的步进角度值，计算出物体几何表面的"点云"三维坐标[③]。随着激光测量技术、计算机及信息科学技术的不断发展，基于3D激光扫描测量与逆向工程技术在文物保护、修复和复制中的作用逐步被人们认识和采用。将现代前沿的测绘科技手段应用于中国文化遗产保护，不仅在效率上提升几百倍，而且显著提高了其精确性，具有非常重要的现实意义[④]。

①　李小丽,马剑雄,李萍,等.3D打印技术及应用趋势[J].自动化仪表,2013（1）:1-5.

②　刘雅辉,刘淑梅,曹向珂,等.CAD和3D打印技术在文物考古中的应用[J].上海工程技术大学学报,2014（2）:154-157.

③　周云,史建华.苏州古城控保建筑的保护与利用[M].南京:东南大学出版社,2010:3-12.

④　张序,李兆堃,罗小华.应用三维激光扫描测量进行文物逆向工程恢复[J].测绘科学,2013（6）:169-171.

（3）高分子材料技术

高分子材料也称为聚合物材料，是以高分子化合物为基体，再配有其他添加剂（助剂）所构成的材料。高分子材料具有耐水、耐腐蚀、强度高的特点，且加工性能优良。如涂料、黏结剂、薄膜及塑料等各类高分子材料都已被用于古文物保护及修复中，并挽救了一批濒临毁灭的文物。高分子材料对于文物的保护应用主要有保护及修复石质文物、壁画、古籍、古建筑、博物馆藏品等[①]。

（4）物理检测技术

常用的物理检测技术主要有度量衡检测、光学检测、电性能检测、机械性能检测、无损检测等。利用物理检测技术确定文物等的最佳修复措施是一种比较经济的办法。目前，超声波 CT 技术和雷达测试技术在文物微观测试中发挥着重要作用[②]。

（5）化学处理技术

化学处理是通过化学手段分析文物成分并对文化进行保护和修复的技术。高科技化学处理技术增强了文物的成分和结构分析能力，如：光谱和中子活化分析用于陶瓷、玻璃、釉料、颜料、金属、合金、纸张、骨质等成分分析；通过化学同位素及其衰变可以测定文物年代；采用化学手段对青铜器进行保护可以使青铜表面化学结构稳定，利于文物保存；使用化学合成的防腐剂、杀菌剂可以对丝绸、字画、古籍、木制品、石制品、生物遗体等进行杀菌防腐处理；文物清洗、颜色还原、材质修复等也离不开化学技术的应用。

5. 新型显示技术

显示产业是年产值超过千亿美元的战略性新兴产业，被我国作为重点科技创新方向列入"十二五"和"十三五"科技发展规划中[③]。近年来，在市场需求和技术创新推动下，新型显示技术得到了迅速发展，主要的技术进展和方向

---

① 周宗华.用于文物保护的高分子材料[J].高分子通报,1991（1）:41-45.

② 于仲,张平松.文化古迹微地球物理检测方法应用概述[J].中国科技信息,2012（7）:63-64.

③ 国家十二五科学和技术发展规划[EB/OL].[2019-06-20]. http://www.gov.cn/gzdt/2011-07/13/content_1905915.htm.

有以下几点[①]。

（1）激光投影显示技术（Loser Display Technology，LDT）

激光投影显示技术，也称激光投影技术或者激光显示技术，它是以红、绿、蓝（RGB）三基色激光为光源的显示技术，激光显示色彩丰富、饱和度高、对比度强，与各种视频信号都有较好的匹配性。

（2）3D 显示技术

3D 显示技术是利用一系列的光学方法使人的左右眼产生视差从而接收到不同的画面，在大脑形成立体效果的技术。3D 显示技术可以分为眼镜式和裸眼式两大类，其中裸眼式 3D 显示技术主要用于公用商务场合，将来还会应用到手机等便携式设备上。

（3）液晶显示（Liquid Crystal Display，LCD）技术

液晶显示屏是属于平面显示器的一种，其优点主要有：机身薄，节省空间；省电，不易产生高温；低辐射，画面不会闪烁，柔和不伤眼，可以降低对眼睛的伤害。

（4）等离子体显示技术

等离子体显示技术是一种利用气体放电发光的有源平板型显示技术。等离子体显示具有亮度大、对比度高、寿命长、视角大、功耗低等优点，可用于计算机终端显示以及各种图形、符号、数字的显示，还可用于壁挂式彩色电视和大屏幕显示等。

（5）有机发光显示（Organic Electroluminescence Display，OLED）技术

有机发光显示具有全固态、主动发光、高对比度、超薄、低功耗、无视角限制、响应速度快、工作范围宽、易于实现柔性显示和三维显示等诸多优点。同时，由于 OLED 具有可大面积成膜、功耗低以及其他优良特性，还是一种理想的平面光源，在未来的节能环保型照明领域也具有广泛的应用前景。

（6）电子纸显示（Electronic-Paper）技术

电子纸显示技术是具有与纸张一样轻薄、又可擦写的电子显示技术，因为该技术具有双稳态（Bi-stability）的特点，所以图像保持时并不需要耗电，能大大节省能源。电子纸的优势主要有可以反复利用、阅读状况佳、对比度高、

---

① 孔彬.新型显示技术发展研究[J].中国数字电视,2013(8):52-57.

能耗低、高分辨率、超轻薄外形、方便携带、环保、低成本、基板灵活、视角广、数字媒体容量大等。电子纸的放大功能也使它更适合老年人和残疾人阅读。

综上所述，电子消费产品的更新换代加速了由最初的阴极射线管显示向以液晶显示和等离子体显示为主的新型显示过渡，因此迫切需要更高的资源数字化程度。随着更为严格的节能降耗标准的实施，高光效发光材料、低能耗背光模组等迫切需要得到开发，促进显示制造企业向节能环保方向发展。新型显示技术的发展为内容的展览、展示提供了良好的技术手段，能够提升民众观感和阅读体验，有利于文化的传承和发展。

6. 数字影像和数字感知技术

（1）3D 建模技术

多视角影像 3D 重建技术能够快速生成高质量的 3D 点云模型，具有真实纹理的 3D 模型，高分辨率的正射影像图、立面影像图、数字高程模型等数字成果，进而可以绘制遗迹平面图、等值线图等图件，成图精度高、速度快、操作简单，可以为考古发掘、研究和文化遗产保护、展示等提供有力的支持。可移动文物的 3D 重建对于考古现场信息获取、存档、绘图，以及数字博物馆建设等都具有重要的意义[①]。

（2）虚拟现实（VR）技术

虚拟现实技术是利用计算机生成一种模拟环境，并通过多种专用设备使用户投入到该环境中，实现用户与该环境直接进行交互的技术。VR 技术可配合 Web3D 建模技术、多媒体技术、人机交互技术、网络技术、立体显示技术、仿真技术等，让更广泛的用户在网络平台上真实感受虚拟场景，通过互联网在线互动的方式体验网上会展。VR 技术的特点有多感知性、交互性等[②]。在文化保护与传承领域，VR 技术能够以实物或图片为依据，结合原始资料的描述建造数字化模型，其构建的 3D 空间比其他技术更能还原出非物质遗产的真实面貌。VR 技术能提供更多元化的展示方式，以在线形式发布，不受空间和时间的限制，为更多人了解、认识各类文化遗产提供了便利。

---

① 刘建国. 可移动文物的多视角影像三维重建[J]. 考古, 2016（12）: 97-103.

② 张晶, 魏爽. 虚拟现实技术和全息投影技术在虚拟校园中的应用[J]. 网络与信息工程, 2016（9）: 83-84.

（3）增强现实（AR）技术

增强现实技术也称为混合现实技术，是基于 VR 技术发展而来的新技术。相较于传统展示技术，AR 技术可以不受时间和空间的限制，实现虚实结合、三维沉浸和实时互动传播，更高效地让受众感受、了解文化遗产，为文化保护和传承提供新的技术手段和实现途径。

（4）全息投影技术

全息投影技术也称虚拟成像技术，是利用干涉和衍射原理记录并再现物体真实三维图像的技术，其本质是全息摄影技术的逆向展示。随着研发的不断深入，各种全息投影技术相继出现，如空气投影技术（雾屏成像）、激光束投影技术、360 度全息投影技术、180 度全息投影技术等[①]。其主要应用场景如下：

①历史文化展示。全息投影可以突破展示的时空限制，用动态的、时间性和故事性的虚拟影像将历史场景展示出来，使观众感到身临其境。

②舞台表演。全息投影在舞台表演中的应用已经有诸多成功的实践。相比传统舞美设计中所需要的大量设备来说，全息投影对硬件设备的要求大大降低，且能实现多种效果的变换。

③虚拟场馆。利用全息投影技术，可以营造一个虚拟化的空间场景，观众感到仿佛身处其中，从而实现对文化场馆和旅游场所的全方位漫游。

7. 空间导航和定位技术

（1）空间导航技术

空间导航技术可以用于建设智慧文化场馆领域，提供展品推荐、路线规划和个性化多媒体信息呈现等与阅览相关的服务，具有动态性和时间空间跨度，为观众带来更富吸引力、更具个性的游览体验[②]。

（2）地理信息系统（Geographic Information System，GIS）

地理信息系统是指在计算机软硬件的支持下，运用系统工程和信息科学的理论，科学管理和综合分析具有空间内涵的地理数据，以提供规划、管理、决策和研究所需信息的技术工具。将地理信息系统运用于文化遗产、考古资料信

---

① 夏溢涵,王芳君,张乘风,等.全息投影技术在展示设计中的应用研究[J].家具与室内装饰,2014(10):16-17.

② 王柱,周兴社,王海鹏,等.智能博物馆个性化导航技术的研究与应用[J].计算机工程,2009(15):280-283.

息的收集、记录和管理，可以对纷繁复杂的考古数据和资料进行充分整合，从而集中有效的管理，实现对资料和信息的高效、便捷的使用①。利用地理信息系统构建地区历史文化地理信息数据库，可以涵盖大量相关时空信息，对历史文化资源进行有效整合，为名城遗址保护奠定基础。

（3）基于位置的服务（Location Based Services，LBS）

基于位置的服务是通过电信移动运营商的无线电通信网络（如GSM网络、CDMA网络）或外部定位方式（如GPS）获取移动终端用户的位置信息，在地理信息系统平台的支持下为用户提供相应服务的一种增值业务。基于位置的服务主要为市民和游客提供导航服务，通过捆绑移动支付及社交App，使移动互联网快速进入电子商务领域，满足用户随时随地的本地化需求②；还可以为用户推送基于位置的文化场馆、旅游景点介绍，实现O2O服务等。

（4）遥感技术

遥感技术是一种从人造卫星、飞机或其他飞行器上收集地物目标的电磁辐射信息以判认地球环境和资源的探测技术。利用高分辨率卫星遥感数据，采用人机交互影像处理等技术，可对不可移动文物进行监测，有利于文物保护和恢复重建；利用不同物质对多/高光谱遥感图像的不同波段的不同反应，可以获取文物内部信息，从而得到传统方式无法获取的隐含特征，了解文物受损情况，并恢复一些已经消失的信息，避免文物进一步损坏③；可以将无人机遥感技术与基于图片的三维重建技术结合，将其应用于考古、文物保护方面的文物数字化研究，如考古遗址、古建筑等的三维重建等，避免使用激光雷达扫描、工业CT扫描等价格高昂、操作复杂、易对文物表面造成损害的方式④。

8.内容制作和多媒体技术

（1）动漫和游戏制作技术

动漫即动画和漫画的合称。非物质文化遗产的动漫传播是动漫对非物质文

---

① 雷生霖.地理信息系统在文化遗产保护及考古学研究中的应用[J].江汉考古,2014（3）:98-108.
② 胡珊.基于位置的服务引爆新商机[J].中国传媒科技,2013（6）:16-17.
③ 赵艳玲,赵耀.多/高光谱遥感在乐山文物保护中的应用[J].旅游纵览,2015（6）:208.
④ 于丙辰,陈刚,段森然,等.无人机遥感在大型不可移动文物三维重建中的应用[J].测绘通报,2017（5）:43-46.

化遗产的二度创作，它一方面突破了非物质文化遗产的表现形式，让更多的人了解和接触非物质文化遗产，同时也是对中国动漫产业在创作内容上的推动。它不是动漫和非物质文化遗产的简单相加和重叠，而是一种创造性的艺术形式，是动漫和非物质文化遗产的双向互动、共赢共生[①]。国家广播电视总局于 2019 年 8 月发布的《关于推动广播电视和网络视听产业高质量发展的意见》中指出："以实施'新时代精品工程'为抓手，谋划实施好电视剧、纪录片、动画片、广播电视节目、网络视听节目等重点创作规划，完善优秀选题项目储备库，加强动态调整管理，加大专项资金扶持力度。"[②]

（2）声光电多媒体技术

以计算机为核心的高科技数字化技术的应用，可以将声、光、电、影、音等技术融入专业场馆设施和文化娱乐等领域中。现代声光电技术在博物馆、纪念馆、展览馆等的展示陈列活动中得到大量应用，赋予展陈形式以极大的趣味性和生动性，以强大的感染力和震撼力拓展文化艺术的表达空间。声光电技术激活了文物蕴含的历史信息，使文物鲜活起来，声可以传达历史回想，光可以表现时空变化，电可以演示人物流动，使受众获得丰富多变的视听体验[③]。

（3）多媒体处理和检索技术

多媒体处理技术是指通过计算机对文字、数据、图形、图像、动画、声音等多种媒体信息进行综合处理和管理，使用户可以多感官与计算机进行实时信息交互的技术。多媒体技术涉及面相当广泛，主要包括音频技术，音频采样、压缩、合成及处理，语音识别等。多媒体检索是指带图片或媒体文件搜索功能的引擎，通过多媒体分析和模式识别，可以真正实现基于内容的多媒体检索。多媒体处理和检索对于多媒体文化内容的加工、制作、传播、推广等具有重要意义，有助于弥补单一文本形式的文化资源保存和应用问题，扩展文化资源类型和服务范围。

---

① 李钦彤.非物质文化遗产的动漫传播[J].西南民族大学学报（人文社会科学版），2012（3）:147-149.

② 关于推动广播电视和网络视听产业高质量发展的意见[EB/OL].[2021-08-11].http://www.gov.cn/zhengce/zhengceku/2019-12/02/content_5457670.htm.

③ 张勇军.声光电技术在博物馆陈列工程中应用探讨[J].科技风，2013（8）:105-107.

9. 智能设备和终端技术

（1）机器人技术

机器人借助传感技术、人工智能技术、语音分析技术等，可在公共文化领域代替人工提供信息检索、查询、问答、指南等服务。机器人在智慧场馆建设中有着很大的应用潜力，在机器人导航与定位、馆藏定位查找、人机交互、自动讲解和导览、参考咨询、特殊人群服务、基于物联网的智能书库等方面发展前景良好。

（2）可穿戴智能设备

可穿戴智能设备是一种将多媒体、传感器和无线通信等技术与我们的日常穿戴相结合的实现用户互动交互、生活娱乐、人体监测等功能的硬件终端。它具备以下两个特点：首先，它是一种能够实现数据采集、存储和计算的软硬件相结合的设备；其次，它将传感器技术、无线通信等技术嵌入到一些人们日常生活所佩戴的柔性设备中，强化了人们和设备之间的交互[①]。文化创意产业相关产品和服务与用户的感官体验密切关联，作为人体感官"增强"功能的典型物理载体，可穿戴设备体现了科技与文化创意产业的高度融合。造价相对低廉的可编程微控制器出现后，在创意与艺术领域使用可穿戴技术的设计应用近年来显著增加[②]。

（3）智能家电

智能家电作为家庭文化娱乐的核心设备，具有如下特点：第一，网络化，各种智能家电可以通过家庭局域网连接到一起，还可以同互联网相连，实现信息的共享；第二，智能化，智能家电可以根据周围环境的变化自动响应，不需要人为干预；第三，节能化，智能家电可以根据周围环境自动调整工作时间、工作状态，从而实现节能；第四，系统性，智能家电并不是单指某一个家电，而应是一个技术系统，随着人类应用需求和家电智能化的不断发展，其内容将会更加丰富。

智能家电是构建智慧家庭的关键环节，特别是互联网电视集成了互联网的

---

① 钟意.可穿戴智能设备的发展现状与前景展望[J].电子技术与软件工程,2017(1):96.

② 宗利永,白韬韬,张飞相,等.文化创意产业科技需求视角下的可穿戴设备技术发展研究[J].科技管理研究,2015(7):23-27.

文化内容平台及具有增值服务功能、家居服务功能、信息推送功能的一系列应用，是普通家庭的信息终端，为普及文化内容、提升生活品质提供了强大平台。

二、技术发展趋势

人类历史上，每一次科技的变革都推动了社会的快速发展与进步。特别是二战后，以计算机和现代信息技术为代表的科技发展日新月异，科学理论与技术应用突飞猛进，创造了有史以来最为辉煌的科学成就和物质财富，深刻地改变了人类生产生活的方式和质量。这些成就又不断催生出更多的科技进步和发展，颠覆性技术层出不穷，催生了多种产业的重大变革，成为社会生产力飞跃式发展的重要突破口。

回顾人类科技发展史，特别是从18世纪到20世纪末，学界公认发生了三次科技革命。

第一次是18世纪60年代英国发起的科技革命。其以蒸汽机的发明和使用为标志，开创了以机器代替手工劳动的工业时代。人类生产力得到迅速发展，引起社会重大变革，工业作为世界上最为重要的产业之一登上历史舞台，工业资产阶级和工业无产阶级形成并壮大。生产工具和交通工具的进步促进了世界各地的联系，重塑了世界政治格局，新兴工业化国家为扩大领土、市场，夺取更多利益而引发了第一次世界大战。

第二次科技革命发生于19世纪中期，由美国最先发起，随后西欧和日本也加入进来。发动机、电动机的发明和使用使人类进入电气时代。同时，内燃机的创新和使用是工业生产的另一项重大成就，科技的进步也带动了电信事业的发展。第二次科技革命进一步增强了人类的生产能力，促进了垄断资本的产生。交通更加便利快捷，扩大了人们的活动范围，信息交流也更加多样化。20世纪初，各主要资本主义国家相继进入帝国主义阶段，彼此为了争夺国际主导力和话语权，在科技、能源、领土、人才等方面展开激烈竞争和争夺，并引发了第二次世界大战。

第三次是20世纪四五十年代，美国发起和主导的，以原子能、航天技术、电子计算机等应用为代表，涉及信息技术、新材料技术、空间技术和海洋技术等诸多领域的高新技术革命。第三次科技革命是人类文明史上的重大科技飞跃，科学理论和应用实践呈现爆发式增长态势，极大推动了人类社会、经济、文化领域的变革，影响了人类的生活和思维方式。在半个多世纪的时间内，世界格局出现新的变化，全球化进程不断加速，以中国为代表的新兴经济体快速发展，国际竞争力和话语权逐渐提升，成为国际社会不容忽视的重要力量，世界多极化趋势进一步显现。

进入 21 世纪以来，在世界总体和平的环境下，各国将科技创新和发展生产力作为重点。这一阶段科学技术呈现爆发态势。科研基础设施大量兴建，在各国政府支持下，科研院校、公司和社会组织培养大批科技人才，前沿基础研究不断深入，科学成果大量涌现。微电子加工、智能制造、网络信息技术的发展与应用带来了强大的研发工具和创新平台，使创新门槛迅速降低。协同创新日益深化，国际合作不断加强，涌现出诸如科技孵化、众智众筹、创客创投等创新模式和创新机制。人类活动逐渐数据化，云计算为大数据的应用提供了技术基础。物物互联、智能制造、新能源和新材料技术不断取得进展，人类活动向智能化方向快速前进，推动人类生产方式、生活行为、商业模式等发生深刻变革，使人类文明继三次科技革命之后迈向新的"智慧时代"。在可预期的未来，世界科技发展将表现出以下趋势。

1. 基础研究和重点领域不断取得突破性进展，推动物质生产发生重大变革

继以电子工业、原子能、空间技术和自动控制等为标志的第三次科技革命后，当今社会进入以信息化产业为主导的新科技革命阶段。在信息技术广泛应用和社会生产力大发展的环境下，科学研究不断取得重要成果，一些基本科学问题迎来重大突破。在宏观层面上，前沿基础研究正在向更广范围和更高整合度方向发展。空间进入、综合利用、定位导航和对地观测成为空间科技竞争焦点；电路集成制造趋向极大规模，网络覆盖和第五代通信技术取得新的进展，E 级超算即将实现，从而带来超大规模数据的存储、管理、传输、计算。技术的进步带动现代交通革命，极大扩展了人类的活动空间，互联网和物联网消除了时空限制，人与人之间联系紧密，全球化进程不断加快，科技合作向更大范围发展。在微观层面上，人们对微观物质结构、极端物理条件下的物理现象、复杂系统、物质与能量、生物和生命机制等的认识提升到前所未有的新高度，合成化学、新材料技术、新能源技术、激光技术、量子应用、微纳芯片设计和制造等得到快速发展。与此同时，科技创新活动日益社会化、大众化、网络

化。这些颠覆性技术将不断创造新产品、新需求、新业态，为经济社会发展提供前所未有的驱动力，推动经济格局和产业形态深刻调整，成为创新驱动发展和国家竞争力的关键所在。科技创新发展促进了全球资源、资本、人才的大范围流动，科技合作和交流成为常态，技术转移和重组不断加快。生产力的发展和社会治安的稳定使各国政府能够集中力量加大科技研发力度，发展中国家的科研条件和科研成果占比稳步提升，中国等新兴经济体正在成为国际社会中重要的科研成果产出国和创新活跃地带。未来二三十年内，北美、东亚、欧盟三个世界科技中心将鼎足而立，主导全球创新格局[①]。

2. 人工智能技术和网络信息技术广泛应用，人类进入智能化和互联化时代

互联网、物联网和第五代移动通信技术将人与人、物与物、人与物联系起来，基于以上技术的智慧场馆、智慧物流、智能家电、数字家庭、智慧城市等逐渐变为现实。生命科学和生物技术的发展将为人脑科学、认知心理学、大规模神经网络应用等领域带来新的突破，基于人工智能的知识组织、专家系统、模式识别、逻辑推理、图像和音视频检索、自动应答、知识库构建等也将取得实质性的进展。物质财富的丰富和技术的进步推动了人类精神文明的不断发展，现代科技成果越来越多地融入民众生活，信息传输日益向多元化、移动化、集成化方向发展。人们的生活更加便利、舒适，人类的行为方式也发生了重大改变。通过智能终端，人们可以随时随地获取所需信息，远程教育、在线应用、O2O 文化娱乐、家庭影院、公开课学习、信息搜索等为公众提供了新的生活方式。"互联网＋"产业繁荣发展，不断满足人民的精神文化需求，自媒体、网络论坛等大众文化平台，动漫、网络游戏、在线展览和影院、各类移动文化应用繁荣发展，人们通过网络能够随时随地获取自己想要的文化信息内容，这极大地促进了人类自身的发展。现代信息服务从推送式向定制化、精准化和个性化方向转型，更加追求服务体验，人机交互、可视化技术、虚拟场景、3D 重建、新型显示技术应用更加广泛。无时不在、无处不在的网络互联环境，使人们生产、生活中的各领域得到重塑。

① 　白春礼. 世界科技发展新趋势［EB/OL］.［2021-06-20］. http://scitech.people.com.cn/n/2015/0705/c1007-27254719.html.

3.科学与技术的交叉和交融成为发展主流

科学与技术的高度融合是当代科技发展的重要特征，科学技术一体化发展趋势明显。技术打破了不同学科之间的界限，各学科之间的区别变得模糊而难以区分，学科间、门类间的交叉与融合是一种普遍现象。科学技术研究的对象、理论与方法、应用目标与转化形式等均呈现多样化特征。

首先，当前科学和技术的结合和相互作用、相互转化更加迅速，逐步形成了统一的科学技术体系。在这个统一体当中，基础科学的作用日益增强，不断为技术的进步开辟新的方向，并且以更快的速度向应用开发和产业化转移。

其次，综合科学迅速发展。以基础自然科学新成果为先导的高新技术成为现代技术体系中的重点技术。各门类技术相互渗透、相互促进，并在某些技术领域围绕一个大问题或大目标的解决与实现而形成庞大的综合性技术群，如空间技术、材料技术、通信技术、网络技术、云计算技术、人工智能技术、生命技术、仿真技术等。

再次，在实际应用领域，常采用多种技术来构建综合性应用方案，以满足具体应用需求或提升应用效果和体验。比如综合应用卫星定位导航、遥感测控、物联网传感、数据分析等技术实现基于位置的服务，数字感知利用 3D 扫描和建模、声光电技术、虚拟现实和增强现实技术为用户营造全方位立体式虚拟场景。

最后，现代科技促进软科学①的研究，使得自然科学和社会科学紧密结合并相互促进。科学技术为社会科学研究提供了数据采集、分析等环节的必要手段，社会科学的研究成果为科技创新提供方法论、社会需求分析、产业发展趋势等必要知识。科学技术全面地融合、渗透到物质生产的诸要素之中，成为生产力发展的决定性因素和社会进步的强大动力，使人类迎来了科学社会化、社会科学化的时代。

4.数据资源成为社会重要物质资产，信息的获取和分析成为关键竞争要素

现代通讯和信息传输技术的发展催生了大数据的产生，互联网的普及使得网络数据成为文化和内容的重要载体。随着网络技术的迅速发展和广泛应用，

---

① 软科学,指对科技、经济、社会发展战略和宏观控制进行研究,为决策提供科学依据的综合性科学。

政治、军事、经济和社会生活等各个领域对网络的依赖不断加深，网络成为一个国家赖以正常运转的神经系统[①]。人们通过互联网进行交流的需求使得论坛、微博等自媒体及即时通信平台迅速发展，产生大量个人信息和个人数据。社会产业与互联网的密切结合，深刻改变着传统产业的运营模式和行为方式。文化内容数据、金融数据、交易数据、科研数据等大量涌现，而依托于不同平台产生的数据类型不同、格式各异，传统数据库技术和计算方式已难以满足海量非结构化数据的实时处理。计算机体系结构和编程技术的发展以及云计算的兴起和智能化数据处理技术的发展，为解决大数据问题提供了可行的方案。传感器和存储技术的变革大大降低了数据采集和存储成本，有效地挖掘大数据的价值已成为新一代信息技术发展的重要方向。大数据的应用涉及各行各业，例如互联网金融、舆情与情报分析、机器翻译、图像与语音识别、个性化文化内容推送和智能推荐等，大数据技术也逐渐成为被普遍采用的主流技术。随着互联网企业大数据应用的实践和推广，产业数据、内容数据、个人和用户数据等已成为各行业和机构的战略性核心资源，谁拥有大数据，谁就能够争取到海量的黏性用户群体，并随着规模化效应而在该行业拥有巨大影响力和掌控力。未来的大数据发展趋势主要是：加强大数据应用中的基础科学问题研究，研究开发大规模机器学习方法及模式识别技术，突破具备深度理解能力的多源异构感知大数据处理模型，开发具有产业引领作用的软硬件关键技术，提升大数据处理能力，建立面向大数据的人工智能方法与技术，等等。

5. 科技进步催生新型文化业态，深刻影响现代文化的传承保护和传播推广

如今，很多国家都将文化遗产保护提升到维系本土文化独立性的国家战略高度予以系统部署，将其作为维系民族团结、国家统一、文化自信、文化认同的重要举措。目前，由于现代文化和技术的冲击以及人们生活节奏的加快，互联网文化和应用、碎片式和快餐式阅读日益成为人们文化娱乐的主流，智能硬件和多媒体技术的发展使得人们的阅读和观赏的体验需求大大提高，传统的文化艺术由于缺少变通使得内容的包装、互动体验不足，难以吸引现代用户，导致传统文化的保护和推广遇到严重的挑战和发展瓶颈。科技的创新和发展为传统文化的传播提供了良好的平台和手段，利用科技手段支撑和引领文化遗产保

---

① 张笑容.第五空间：大国间的网络博弈[M].北京：机械工业出版社,2013:78.

护与公共文化服务，是国际社会的普遍做法和策略。在国际视野下，加强对文化遗产与优秀传统文化的认知与保护、传播与影响，并将之作为重要的战略资源，催生新兴产业，将会是文化遗产保护与公共文化服务科技领域未来一个时期的主旋律。我国的《十三五文化遗产保护与公共文化服务科技创新规划》也指出了文化与科技融合发展的前景和方向，主要有：大力发展文化遗产价值认知科学与技术，初步构建文化遗产价值认知技术与装备标准体系；建成基于多源信息的陆地与水下文物资源调查和考古全周期智能决策系统；构建馆藏文物保护修复和检测方法体系；构建智慧图书馆的技术标准体系和公共文化的综合传播技术体系，完善智慧博物馆建设的理论、方法和技术体系；探索中国特色文化遗产传承利用创新服务模式；等等①。

回顾历史，展望未来，科技的每一次跨越式发展，都给文化的繁荣提供了强大的工具载体。进入21世纪，文化与科技的融合带来了前所未有的繁荣图景。随着国家各方面综合实力的提高和人民物质精神文化的不断丰富，以科技带动传统文化传承和广泛推广，促进文化产业的转型升级，发展新型文化业态，将成为新时代推动社会主义文化大发展大繁荣，提升国家文化软实力的重要战略。

第二节　新技术对文化的影响

文化与科技是人类物质文明与精神文明的具体表现。科学技术会影响人类的思维方式和对世界的认知，必然会引起人类文化的深刻变化。在古代，由于生产力水平低下，人类对自然界的认识处于萌芽阶段，对于一些自然现象和变化无法作出解释。限于当时的科学技术条件，古代朴素唯心主义和古代朴素唯物主义由此而生，古人借此对世界本原的统一性进行说明。古代朴素唯心主义用某种超自然的精神力量来解释这一问题，而古代朴素唯物主义则借助于某一

---

① 国家"十三五"文化遗产保护与公共文化服务科技创新规划[EB/OL].[2021-06-20]. http://www.most.gov.cn/mostinfo/xinxifenlei/fgzc/gfxwj/gfxwj2016/201612/t20161221_129720. htm.

具体的形态物质进行说明①。这一时期，文化与科学技术是一体的，并没有分开。到近代，哥白尼的"日心学"说否定教会的权威，改变了人类对自然、对自身的看法。这个阶段提倡用科学方法和科学实验去探索现实世界。自然科学开始从文化中分化出来，人类将自然界细化成分门别类的学科并展开研究。这种学科细化更有利于系统理论的形成，却也把事物之间的联系割裂开来。人们只重视学科的纵向发展，而忽略了学科之间的横向联系，因而形成了近代哲学的形而上学唯物主义。在现代，以物理学领域的相对论和量子力学为代表的科学成果呈现出整体化的研究趋势，注重以综合分析为基础。自然科学的发展要求文化从内容到形式发生深刻变革，马克思主义哲学应运而生。由此可见，科学技术一方面揭示自然界的客观规律，还原自然界的本来面目，另一方面从科学领域延伸到思想领域，对人们的世界观、人生观及思维方式进行重构，为文化发展提供了重要的理论支持和思维借鉴②。

　　科学技术影响着文化的内容、表现形态、传播范围。中国的造纸术和印刷术的发明发生在第一次科技革命之前。造纸术让文字更容易携带，扩大了文字的传播范围，印刷术则提高了文字的书写效率。1450年，德国发明家约翰内斯·古腾堡开始使用印刷机后，大规模的机械化生产促进了传媒产业的发展，近代的报刊业和图书出版发展带来了教育的普及与大众的知识水平和文化素质的提高，广告业和媒体行业开始出现。蒸汽机动力技术推动了交通行业的发展，使文化的传播打破了原有的时空限制。电话机的发明与应用拉近了人与人之间的距离，留声机、电影放映机、广播等设备和技术的产生改变了文化的表现形式和传播途径。信息环境下，特别是随着互联网技术的普及，人们可以在世界任何一个角落进行信息的交换，它正在改变着人们的生产方式、工作方式、生活方式和学习方式，从而推动当前文化的发展。

　　科技的发展与创新，不断地激发文化生产者的创新意识和创新思维，打破了传统表现手法的障碍，为优秀传统文化的完整表现提供了更强大的技术支持，催生出更多的文化产品。数字技术、网络技术、智能化技术等高新科技的迅猛发展和广泛应用，极大地增强了优秀传统文化的创造力、表现力、感染

---

　　①　陈建中.科学的发展与哲学的内容[J].山西师大学报（社会科学版）,1995（2）:51-56.

　　②　刘平中,李后卿.文化与科技融合发展关系探讨[J].社科纵横,2014（9）:50-53.

力、吸引力和传播力。新技术对优秀传统文化的发展与创新起到了不可估量的作用，科技创新成果也开始被普遍应用于优秀传统文化发展的各个领域。科技对文化内容的转换、对文化传播途径和手段的多样化、对文化表现形式的丰富，使传统文化的影响力和传播范围进一步扩大。

一、保护手段的改进

当代信息技术的运用，使搜集、传递、储存文化资源的手段和方式发生了根本性变革，极大促进了文化传播、继承与发展。

传统文化资源的保护与长期保存对象包括古籍文献、民俗文化、古代建筑和石刻等。古籍需要在特定的环境下进行保存，其阅览有时会受到时间、地点的影响；民俗文化受到传承的模式落后、脱离时代性等因素影响，很多都濒临失传。对传统文化进行数字化就是对文化实物进行数字化采集、数字存储、数字处理、数字传播，将传统文化进行转换、再现、复原，形成可共享、可再生的数字形态。数字化加工对于物质文化遗产和非物质文化遗产的保护起着非常重要的作用。在文物修复方面，可以利用技术手段对文物进行数字化信息采集，获取文物的形体、纹理、质地、材料等数据信息，将其存入计算机中，借助虚拟技术，对文物进行修复。在文化遗产的数字化采集中，人们长期以来使用数字二维扫描、数字摄影、数字摄像、数字录音等技术来获得采集对象的文字、图像、视频和音频等数字信息。近年来，随着新媒体技术的发展，三维扫描、动作捕捉、全息拍摄和虚拟现实等新技术逐渐兴起和成熟，这些新兴的数字信息获取与处理技术实现了传统保护方式难以达到的高仿真和高精度效果，网络云存储等数字化存储技术也为传统文化遗产的数字化传承提供了新的可能性。

通过计算机数据库的分析，结合现代科技手段高度仿制甲骨文出土时的最初形态，既让有价值的资料得到保存，也保留了文物的出土状态。各地的博物馆里保存着大量藏品，这些宝贵的历史财富记录了人类发展的历程，馆藏文物资源越来越受到大家的关注与重视。提高信息技术在博物馆中的运用水平，加强文物信息资源的开发与利用，会给博物馆工作带来前所未有的发展。如今，人们可以进入各地的博物馆网站，通过互联网对馆藏文物进行比较细致的了解，可以做到足不出户了解文物。此外，传统文化往往受到多方面的限制，存在资源难以共享的现象。数字化技术让所有的资源在一定范围内共享，提高了研究者获取资源的便利性。

新技术让传统文化从遥远的未来走到现代，让现代人穿越时空走向过去，人们能具体、直观地从中感受到传统文化的形成与发展。借助各种先进的技术手段，可以修复和再现濒临消失甚至已经消失的优秀文化遗产，模拟其产生背景、发展过程、生产方式、使用方式及传播方式，还原其真实的面貌和历史盛况。通过数字媒介，文字、图片、音频、视频以多种组合（如 VR、AR）的形式出现，公众不必再以传统方式接收信息，而是可以根据自己的需要在文化信息之间跳转。虚拟现实技术中所用的三维传感设备也已经能跟踪动作的变化，甚至连嗅觉和味觉的数字化也已经有了成功的案例，丰富多彩的数字化再现与展示方式促进了文化的传承。

二、表现形态的丰富

科学技术使传统文化表现形式呈现多元化发展态势。文化是社会历史发展过程中的积淀物，具有鲜明的时代性。传统文化要想重新焕发出其强大的生命力，就要与当下社会环境相适应。科学技术对传统文化的内容进行改造，将其表现形式从原始的文字符号转换为更多形式。传统文化借助于声音和影像技术来增强文化的表现力，动漫、游戏、影视等方式能更好地满足现代人群的需求，带来视觉、听觉、触觉上的全方位体验，这种日新月异的多媒体表现方式，极大地提高了文化产品的感染力和吸引力，刺激了人们的文化消费热情。

数字媒体平台具有互动性、便捷性、可拓展性，利用数字媒体平台引导社会公众学习和传播优秀传统文化成为常态。近几年很多网站推出的网络公开课就是其中的一种形式，在这些公开课中，有很多优秀传统文化的精品文化课程。随着网络公开课的不断建设和课程资源的不断丰富更新，用户对它的认知度、关注度越来越高，网络公开课的用户数量得到快速增长。以"国图公开课"为例，从 2015 年上线以来，用户访问量逐年成倍增长，年访问量从 308 万次增长到 2019 年的 7609 万次，增长了 20 多倍，如图 2-1 所示。

用户访问量（万次）

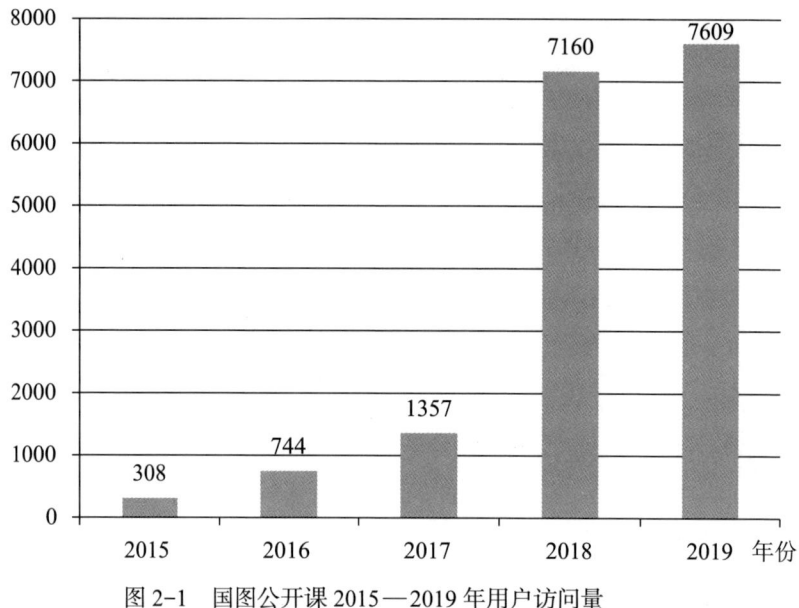

图 2-1　国图公开课 2015—2019 年用户访问量

　　移动互联网和智能移动设备的普及使得传统文化与科技融合大有可为。移动客户端可以大大增强展览的互动性，为游客提供详细的文字、语音、图片和动画等多媒体信息。如故宫博物院推出了众多智能手机应用程序，以帮助其将展品带入大众生活。文化部于 2014 年开展"弘扬社会主义核心价值观动漫扶持计划"，旨在引导和鼓励动漫界创作和生产更多优秀的动漫作品，主要探索如何通过新媒体动漫的独特创意更好地弘扬社会主义核心价值观。《动漫水墨·唐诗三百首》、《山海奇谭》、中国戏曲经典原创动画系列产品、3D 动画电影《神笔马良》等入选作品通过新媒体动漫创意展示了中华优秀传统文化。高新技术的运用极大地挖掘了传统文化的内在价值，增强了文化产品的感染力和吸引力。

三、传播方式的变革

　　科学技术增强了传统文化的传播范围和影响力。电子技术、信息技术、通信技术彻底改变了信息传输介质和传输方式，让信息获取变得更加容易。传统文化知识的传播不仅仅依赖于纸媒介，而是以多种传播途径相结合的方式完成信息传送。现代信息技术与传统媒体产业相结合，打破原有的传播壁垒，使电视、广播、图书与网络视频网站、社交平台的信息传播相结合。个性化的服务模式更具灵活性，能更好地适应不同人群的需求。传统文化通过多种传播途径融入人们的日常消费生活，潜移默化地影响人们的人生观、世界观和价值观。互联网传播呈现出移动化、社交化、视频化的趋势，催生出移动客户端等新应用、新业态，这些新技术的发展为优秀传统文化提供了丰富的展示和传播方式。

与传统的纸质媒介相比，新媒体技术的表现形式多样、内容丰富，具有大容量的展示信息和交互性的操作体验。折叠屏幕、互动投影、环幕投影、幻影成像、书本自动翻页、数字桌面等技术设备，能够创造全新的展示和宣传氛围。例如，利用数字全息影像技术可以细致生动地再现影像，实现多角度观看立体影像，同时，与全息技术的结合也拓宽了技术本身的艺术表现外延，使全息技术不仅仅是一种单纯的再现式工具，更成为艺术创作的有效传播形式。

互联网是文化内容展示和传播的重要平台和渠道，通过数据库建设、网站架构和前端设计，互联网可被用于展示和宣传文化信息内容，还可提供相关的网络服务，如预约、订票和在线咨询等。移动互联网使用户可以随时随地获取信息。移动互联网具有强社交性、高便携性、高隐私性等特点，还具有庞大的用户基数，这可以为文化内容的展示和传播提供极大的便利。

四、受众习惯的改变

互联网技术打破了时空的限制，构架了无形的互通之路，实现了无时、无处、无人不相连，不断缩小和消除区域之间、群体之间的信息鸿沟。通过"互联网＋传统文化"模式，中华优秀传统文化可更快速、更广泛、更流畅地向世界传播，让世界更直观地了解中华优秀传统文化的内涵和精髓。近年来，受到互联网飞速发展带来的社会信息与文化传播方式改变的影响，社会大众的需求与兴趣爱好也在不断地发生变化。社会大众的文化消费与生活方式和互联网技术越发相互关联。社会大众接受互联网环境下信息传播的覆盖面越来越广泛，从原有的以年轻用户为绝对主体逐步向青少年及中老年群体均衡化发展。依据2014年至2021年中国互联网信息中心（CNNIC）发布的《中国互联网络发展状况统计报告》的统计，我国10岁以下网民的比例从2014年的1.7%上涨

至 2021 年的 4.3%，50 岁以上网民的比例从 2014 年的 7.9% 增长到 2021 年的
26.8%。

表 2-1　2014 年至 2021 年中国网民年龄结构比例

年份	10 岁以下	10—19 岁	20—29 岁	30—39 岁	40-49 岁	50—59 岁	60 岁以上
2014	1.7%	22.8%	31.5%	23.8%	12.3%	5.5%	2.4%
2015	2.7%	21.4%	29.9%	23.8%	13.1%	5.3%	3.9%
2016	3.2%	20.2%	30.3%	23.2%	13.7%	5.4%	4.0%
2017	3.3%	19.6%	30.0%	23.5%	13.2%	5.2%	5.2%
2018	4.1%	17.5%	26.8%	23.5%	15.6%	5.9%	6.6%
2019	4.0%	16.9%	24.6%	23.7%	17.3%	6.7%	6.9%
2020	3.1%	13.5%	17.8%	20.5%	18.8%	15.1%	11.2%
2021	4.3%	13.3%	17.3%	19.9%	18.4%	15.3%	11.5%

　　从表 2-1 可以看出，从 2014 年到 2021 年，国内不同年龄段的网民呈现出较为明显的变化趋势。10—29 岁网民数量呈现出逐年下降的趋势，而 10 岁以下以及 40 岁以上的网民数量则逐年稳步增长。由此可见，互联网技术已更深刻、全面地进入到社会大众生活中。

　　这种变化体现出了文化内容与生活方式的变化。从 CNNIC 于 2019 年 1 月发布的第 43 次报告中可以看出，互联网内容服务的专业度与垂直度不断增加，其中短视频用户规模达 6.48 亿，用户使用率为 78.2%，优质内容生产成为互联网平台的核心竞争力。移动智能设备的快速普及、移动互联网的发展使得社会公众更愿意接受轻量化、碎片化、结构化的知识学习场景，且知识付费的服务方式更多样化、用户接受度更高。

　　受数字媒介迅猛发展的影响，我国成年用户的阅读方式越来越倾向于数字化阅读。中国新闻出版研究院组织实施的《第十八次全国国民阅读调查报告》[①] 显示，近十几年，包括网络在线阅读、手机阅读、电子阅读器阅读、光

---

　　① 第十八次全国国民阅读调查成果发布 [EB/OL]. [2021-04-26]. http://www.nppa.gov.cn/nppa/contents/280/75981.shtml.

盘阅读、Pad 阅读等模式在内的数字化阅读方式的普遍率一直在增长，从 2013 年开始高于 50%，到 2020 年达到了 79.40%（见图 2-2）。由此可见，传统文化在数字媒介以及信息技术的加持下，能更加方便快捷地传递给用户，也更加适合用户的需求方式，满足用户的体验要求。

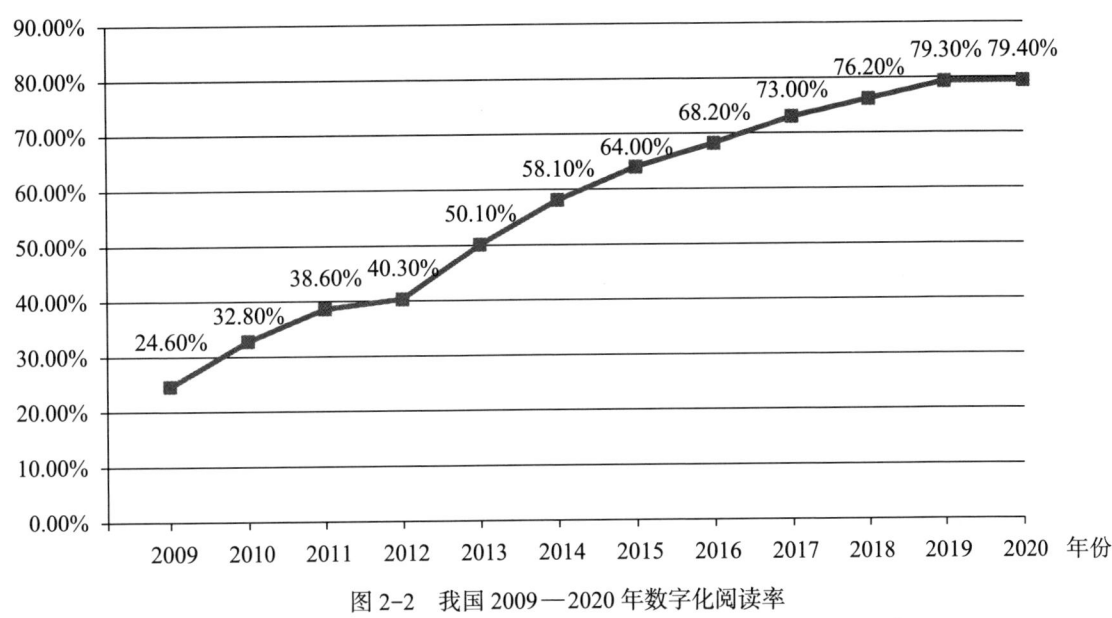

图 2-2　我国 2009—2020 年数字化阅读率

从《第十四次全国国民阅读调查报告》[①] 中可以看出，从 2016 年开始，第一次出现了新的阅读方式——听书（有声阅读），此后成年用户的听书率逐年提升，选择移动有声 App 平台听书的用户比例也逐年提升（见图 2-3）。由此可见，借助各种移动 App 的服务，可以改变文字的表达方式，将传统文化与声音、画面、音乐等因素相结合，利用"听"的方式传播给更多的用户，让用户充分利用各种碎片时间接收文化的传播，进而更好地发挥传统文化的传播效果。

① 飞鸽. 2017国民阅读调查报告发布——两成以上国民改读书为听书[J].商业文化，2018（12）:70.

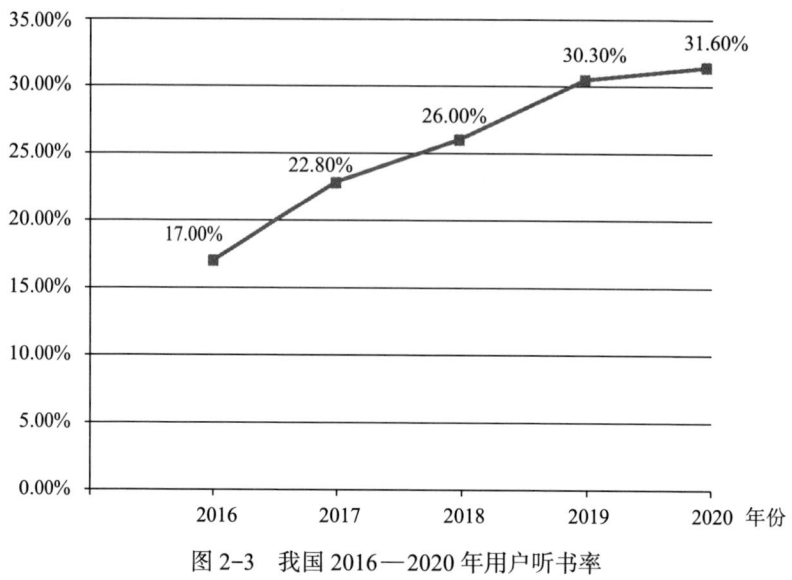

图 2-3 　我国 2016—2020 年用户听书率

（五）面临的问题与挑战

科学技术是一把双刃剑，其本身没有善恶之分：用对了方向就会加快社会发展，提高社会生产力，更好地满足人们物质文化需要；用错了方向，则可能给人类带来灭顶之灾。德国著名哲学家阿诺德·盖伦在《技术时代的人类心灵》一书中指出："以往几千年的传统社会是一种稳态的社会结构，具有各种各样的稳定制度，但技术的日新月异使人类告别了那种宁静的常规社会，打破了那种稳定的制度，步入一个节奏快、变化大的现代社会，而人类的精神、思想伦理等都将在这种未定型的社会中被迫迎接这一巨大挑战。人类在挑战这一巨变的过程中产生了各种矛盾、冲突，因此也产生了各种心灵危机。"[①] 在当今社会发展过程中，互联网的隐蔽性带来了道德的缺失，生物的克隆带来了道德和伦理问题，这一系列问题的产生很大程度上是缘于人们对于技术的膜拜，将科学技术与文化彻底地撕裂。

新技术的应用推动了中华优秀传统文化的创新性发展和传承推广，同时也对中华优秀传统文化的发展带来了挑战。信息化技术可能会导致外来文化的涌

---

① 　盖伦.技术时代的人类心灵：工业社会的社会心理问题[M].何兆武，何冰，译.上海：上海科技教育出版社，2003:1.

入，对传统文化造成冲击。多元文化在新媒体网络世界里共生共存，也会使中国传统文化在网络里被重新构建、诠释和选择。新媒体技术所带来的"速食文化"容易造成人们对传统文化的肤浅解读，新媒体平台中不同主体对传统文化的粗浅转化，也可能会使传统文化的历史意蕴和文化深度被削平。另外，高新技术为文化产业的许多领域带来了前所未有的表现手段，使其在表现艺术上焕然一新，锦上添花。但这建立在技术和内容深度融合的基础上，并且要在新的技术条件下对内容进行相应的提升和创新，才能赢得消费者的青睐，如若在技术手段上过分追高逐新，热衷形式上的宏丽壮观和所谓的新潮时尚，内容和技术各自为政，只拼凑在一起而没有融合创新，就可能会劳而无功。

第三章　传统文化的技术创新与应用现状

　　中华文化源远流长、灿烂辉煌。在五千多年文明发展中孕育的中华优秀传统文化，积淀着中华民族最深沉的精神追求，代表着中华民族独特的精神标识，是中华民族生生不息、发展壮大的丰厚滋养，是中国特色社会主义植根的文化沃土，是当代中国发展的突出优势，对延续和发展中华文明、促进人类文明进步发挥着重要作用。党的十九大报告提出，深入挖掘中华优秀传统文化蕴含的思想观念、人文精神、道德规范，结合时代要求继承创新，让中华文化展现出永久魅力和时代风采。2017 年 1 月，国务院发布《关于实施中华优秀传统文化传承发展工程的意见》，对中华优秀传统文化传承发展工作首次进行了专题阐述。文件提出，要"坚持创造性转化和创新性发展"，"使中华民族最基本的文化基因与当代文化相适应、与现代社会相协调"①。

　　现代社会正处于计算机技术、网络技术和信息处理技术迅猛发展并得到广泛应用的信息时代，数字化、信息化与传统文化的深入结合，可以实现中华传统文化创造性转化与创新性发展，使得传统文化获得延续和传承。

　　党的十八大以来，在以习近平同志为核心的党中央领导下，各级党委和政府更加自觉、更加主动地推动中华优秀传统文化的传承与发展，开展了一系列富有成效的工作，有力增强了中华优秀传统文化的凝聚力、影响力、创造力。习近平总书记指出："我们要坚持道路自信、理论自信、制度自信，最根本的

---

① 关于实施中华优秀传统文化传承发展工程的意见[EB/OL]. [2019-08-07]. http://www.gov.cn/zhengce/2017-01/25/content_5163472.htm.

还有一个文化自信。"① 文化自信是一个民族、一个国家以及一个政党对自身文化价值的充分肯定和积极践行，并对文化的生命力拥有坚定的信心。在信息化、数字化技术迅猛发展的今天，数字技术的发展与应用为传统文化的保护与利用提供了崭新的途径和有效的方法，通过数字存储、人工智能、虚拟现实、可视化、大数据以及数字媒体等技术保存、再现、传播和开发各种传统文化，已经成为一种被普遍应用的模式。

传承并推广中华优秀文化，对延续中华文明、实现民族自强、促进人类进步，发挥着不可替代的重要作用。文化的传承与推广就是要继承优秀的历史文化，推陈出新，在新技术环境下使其得到发展、丰富，并通过技术手段使其广为传播。

首先，从国家层面上，中华优秀传统文化的传承和推广关系到国家和民族的历史记忆和文化认同，是涉及几千年中华民族发展脉络的系统性工程，离不开国家的引导、规划和支持。中央十分重视传统文化的保护与发展，通过立法和出台政策文件的方式对其进行战略规划和工作部署。在中央文件精神的指导下，主管文化事业的文化和旅游部联合其他部委，从组织实施、财政支持、技术发展等各方面给予大力协助，联合全社会力量共同促进文化的传承与发展。在具体操作上，文化和旅游部以及国家公共文化事业单位以大型文化保护项目和数字文化工程为抓手，对国家重要文化遗产进行系统性保护，并通过社会渠道进行推广，促进传统文化生命长青、再创辉煌。

在社会层面上，以国家文化保护的相关法规政策为依据，在中央及地方政府的统筹组织下，各地文化单位通过各种措施和方式对传统文化进行保护和推广。文化单位应积极与社会高新企业和科研院所进行合作，加强理论创新，引进先进技术，有效促进优秀传统文化的传承与推广。这一过程由以下三部分组成。

一是文化的传承，即最大限度追溯、还原和保护历史文化。一方面是对文化的实物载体的还原和保护，其中还原工作包括文物复原、文物实体检测、文物修复等，保护涉及文物的数字化加工、保藏环境监控、安全防护、藏品管理

---

① "改革的集结号已经吹响"：习近平总书记同人大代表、政协委员共商国是纪实[N].人民日报,2014-03-13（1）.

等；另一方面是对文化的内容的记录与传承，包括古籍数字化加工及数据库构建、文物三维建模、三维重建、数字内容的长期保存等。

二是文化的创作应用，即结合当前新时代要求，通过各种手段创新文化形式、丰富文化品类，促进文化应用，挖掘文化价值。传统文化继承自历史文化，不是一成不变的。只有在既有的文化体系下同时进行传承和变革，不断注入活力，才能对传统文化作出当代表述，为文化发展开辟出更大的空间。因此，想要传承优秀传统文化，就绝对不能抱残守缺，复古守旧。优秀的传统文化不仅是我国民族文化的载体，也是新时代新文化的基石。只有调整文化的内容和形式，使其适应当前时代的变化，推进传统文化创新创造，才能使优秀传统文化始终与当代文明相互映衬、相互协调，成为新时代的文化新动力。依托传统文化素材打造的文创产品和动漫游戏已成为当代文化新风尚，使传统文化重焕生机。新技术为文化应用和文化价值发掘提供了技术手段和解决方案。基于大数据分析的知识组织与发现、人工智能、数据挖掘与语义理解正逐渐在文化行业中得到广泛应用，推动传统文化不断创新与发展。

三是文化的传播推广。文化内容的传承和创作是文化发展的基础和前提，而文化的传播和推广则是文化发展的目标和动力。在过去的几十年里，由于我国经济、社会、教育发展基础薄弱，民众素质不高，技术条件较差，文化事业处于长期弱势地位。社会参与度不高、传播模式单一、宣传效果低下、缺乏协同管理成为阻碍文化繁荣发展的最大问题。现代科技的进步为文化的传播提供了良好的条件与成熟的平台，传统文化与新媒体的融合、基于新一代网络和通信技术的内容分发、智能化技术的普及、新型展示方式和多种传播手段的综合应用等成为新时代文化传播和推广的重要趋势，使传统文化重新焕发生命力，为文化大发展大繁荣提供了坚定的支撑。

本章围绕新技术环境下传统文化的传承与推广这一主题，对当代文化发展实践和典型案例进行梳理。其中着重介绍上文所述中央文化发展的规划与重要工程、传统文化的传承与保护、新技术助推传统文化传播与推广、文化内容和应用的创造性发展这四个领域，为整体了解我国文化事业发展现状提供参考。

第一节　政府的规划与推动

在现代技术条件下，我国文化传承和文艺创作的环境、模式和社会需求发生了重大的变化。党中央高度重视文化的繁荣与发展，先后制定并出台了一系列文化扶持政策，多次强调以技术手段创新文化发展，加强新媒体与传统文化的融合。在中央的统一部署与指引下，各地政府纷纷出台相应的实施政策，以技术促发展，促使中华优秀传统文化得到有效传承与发扬。在相关政策的鼓励与推动下，文化主管部门和文化事业单位组织实施了一系列数字文化工程项目，以信息技术的研发应用促进传统文化的传承与推广。

一、战略规划与政策支持

了解我国新技术环境下传统文化传承与推广现状的前提，是对我国政府的战略规划、法规政策体系有较为全面的了解和掌握。对我国法规政策进行解读，有助于厘清我国在新时代文化传承与发展的顶层设计、实施目标和保障措施，以及我国公共文化机构、文化企业等相关机构的从业依据和发展方向，能够从全局角度宏观掌握我国文化发展的脉络和现状。

我国出台的文化扶持政策包括文化战略、行动规划、发展纲要、实施方案、规章条例等。国家最近几年通过的文化领域法规政策明确显示了国家对促进文化大发展大繁荣的决心，这些法律成为我国制定相关政策和将其落地施行的方针和依据。中央在制定阶段性战略规划的同时也明确了科技促进文化产业的相关内容。与中央文化政策相呼应，文化和旅游部联合其他部委发布了若干文化科技发展规划和保障举措，围绕并配合国家重要战略方针，从细分领域对科技促进文化发展的目标、内容和措施作出指示。

笔者对目前我国中央和部委级的重要文化立法、战略、政策做了广泛调研和梳理，特别是对涉及新技术环境下推动和扶持传统文化发展的相关内容进行针对性的总结和摘录，为进一步了解并掌握新时代我国文化发展战略和制定决策提供依据和参考。

1. 新技术环境下国家文化传承与发展相关法规政策

（1）国家重大决定和立法

2011年，中国共产党第十七届中央委员会第六次全体会议通过《中共中央关于深化文化体制改革、推动社会主义文化大发展大繁荣若干重大问题的决定》，指出："要发挥文化和科技相互促进的作用，深入实施科技带动战略，增强自主创新能力，加强核心技术、关键技术、共性技术攻关，依托国家高新技术园区、国家可持续发展实验区等建立国家级文化和科技融合示范基地，把重大文化科技项目纳入国家相关科技发展规划和计划。"

2017年，第十二届全国人民代表大会常务委员会第二十五次会议通过的《公共文化服务保障法》规定："第十一条 国家鼓励和支持发挥科技在公共文化服务中的作用，推动运用现代信息技术和传播技术，提高公众的科学素养和公共文化服务水平。""第三十三条 国家统筹规划公共数字文化建设，构建标准统一、互联互通的公共数字文化服务网络，建设公共文化信息资源库，实现基层网络服务共建共享。"

（2）中共中央办公厅、国务院办公厅发布的文件

2014年国务院办公厅发布的《关于推进文化创意和设计服务与相关产业融合发展的若干意见》指出，"加快数字内容产业发展。推动文化产品和服务的生产、传播、消费的数字化、网络化进程，强化文化对信息产业的内容支撑、创意和设计提升，加快培育双向深度融合的新型业态"；"强化与规范新兴网络文化业态，创新新兴网络文化服务模式，繁荣文学、艺术、影视、音乐创作与传播"。

2015年，中共中央办公厅、国务院办公厅发布的《关于加快构建现代公共文化服务体系的意见》指出："加大文化科技创新力度。围绕公共文化服务体系建设的重大科技需求，发挥文化和科技相互促进的作用，结合中央财政科技计划（专项、基金等）管理改革要求，将公共文化科技创新纳入科技发展专项规划，深入实施国家文化科技创新工程。""加快推进公共文化服务数字化建设。结合'宽带中国''智慧城市'等国家重大信息工程建设，加快推进公共文化机构数字化建设。""提高资源供给能力，科学规划公共数字文化资源建设，建设分布式资源库群，鼓励各地整合中华优秀文化资源，开发特色数字文化产品。""提升公共文化服务现代传播能力。着眼于形成与我国经济社会发展

水平相称的传播能力，加快构建现代文化传播体系，保障信息传播的高效快捷和安全有序。灵活运用宽带互联网、移动互联网、广播电视网、卫星网络等手段，拓宽公共文化资源传输渠道。"

2015 年，国务院办公厅发布的《关于促进云计算创新发展培育信息产业新业态的意见》指出："到 2020 年，云计算应用基本普及，云计算服务能力达到国际先进水平，掌握云计算关键技术，形成若干具有较强国际竞争力的云计算骨干企业。云计算信息安全监管体系和法规体系健全。大数据挖掘分析能力显著提升。云计算成为我国信息化重要形态和建设网络强国的重要支撑，推动经济社会各领域信息化水平大幅提高。"

2015 年，国务院办公厅发布的《国务院办公厅印发关于支持戏曲传承发展若干政策的通知》指出要"开展地方戏曲剧种普查"，"实施地方戏曲振兴工程"，"传承保护京剧、昆曲"，"加大剧本创作扶持力度"，"加大政府购买力度"，"加大戏曲普及和宣传"。

2016 年，国务院办公厅发布的《"十三五"国家战略性新兴产业发展规划》指出："以数字技术和先进理念推动文化创意与创新设计等产业加快发展，促进文化科技深度融合、相关产业相互渗透。到 2020 年，形成文化引领、技术先进、链条完整的数字创意产业发展格局，相关行业产值规模达到 8 万亿元。"规划内容要点有：创新数字文化创意技术和装备、丰富数字文化创意内容和形式、提升创新设计水平、推进相关产业融合发展。

2017 年，中共中央办公厅、国务院办公厅发布的《关于实施中华优秀传统文化传承发展工程的意见》指出："保护传承文化遗产。坚持保护为主、抢救第一、合理利用、加强管理的方针，做好文物保护工作，抢救保护濒危文物，实施馆藏文物修复计划，加强新型城镇化和新农村建设中的文物保护。""滋养文艺创作。善于从中华文化资源宝库中提炼题材、获取灵感、汲取养分，把中华优秀传统文化的有益思想、艺术价值与时代特点和要求相结合，运用丰富多样的艺术形式进行当代表达，推出一大批底蕴深厚、涵育人心的优秀文艺作品。""加大宣传教育力度。综合运用报纸、书刊、电台、电视台、互联网站等各类载体，融通多媒体资源，统筹宣传、文化、文物等各方力量，创新表达方式，大力彰显中华文化魅力。实施中华文化新媒体传播工程。充分发挥图书馆、文化馆、博物馆、群艺馆、美术馆等公共文化机构在传承发展中华优秀传统文化中的作用。"

2017 年，中共中央办公厅、国务院办公厅发布的《关于加强文化领域行业组织建设的指导意见》指出，要"促进文化事业全面繁荣、文化产业快速发展、优秀传统文化传承弘扬"；"积极发展公共文化、创意设计、文化科技、文化贸易、网络文艺、动漫游戏、休闲娱乐、传统工艺、广告会展、艺术品经营等方面的行业组织"；"要适应传统媒体和新兴媒体融合发展新形势，向新媒体领域拓展"。

2017 年，中共中央办公厅、国务院办公厅发布的《国家"十三五"时期文化发展改革规划纲要》指出："推动媒体融合发展。扶持重点主流媒体创新思路，推动融合发展尽快从相"加"迈向相"融"，形成新型传播模式。""遵循网络传播规律，强化互联网思维，加快网络媒体发展。""加快发展网络视听、移动多媒体、数字出版、动漫游戏、创意设计、3D 和巨幕电影等新兴产业，推动出版发行、影视制作、工艺美术、印刷复制、广告服务、文化娱乐等传统产业转型升级，鼓励演出、娱乐、艺术品展览等传统业态实现线上线下融合。""运用云计算、人工智能、物联网等科技成果，催生新型文化业态。加强虚拟现实技术的研发与运用。推动'三网融合'。制定文化产业领域技术标准，深入推进国家文化科技创新工程。依托国家级文化和科技融合示范基地，加强文化科技企业创新能力建设，提高文化核心技术装备制造水平。加强文化资源的数字化采集、保存和应用。""加强对中国传统工艺的传承保护和开发创新，挖掘技术与文化双重价值。推动传统工艺走进现代生活，运用现代设计改进传统工艺，促进传统工艺提高品质、形成品牌、带动就业。"

2. 多部委关于文化传承发展的政策

（1）多部委联合发布文件

2012 年，科技部、中宣部、财政部、文化部、国家新闻出版广电总局、新闻出版总署发布的《国家文化科技创新工程纲要》指出："到 2020 年，文化和科技深度融合，科技创新成为文化发展的核心支撑和重要引擎。文化科技发展环境不断完善，文化科技创新充满活力，高素质文化科技人才队伍发展壮大，文化科技创新体系得到完善，文化和科技融合示范基地成为文化产业的重要载体，基本形成带动文化产业发展、推动文化事业进步、规范文化市场秩序的文化科技支撑体系。文化产业成为国民经济支柱性产业。"

2014 年，国家新闻出版广电总局、财政部发布的《关于推动新闻出版业数字化转型升级的指导意见》指出："支持相关技术企业与高校、研究机构联合开展数字出版业务高级人才培养。支持、鼓励技术企业提供技术支撑，参与高校、研究机构的高级人才培养计划，开展面向出版企业在岗高级数字出版人才的培养。""重点支持部分专业出版企业按服务领域划分、联合开展专业数字内容资源知识服务模式探索。包括：开展知识挖掘、语义分析等知识服务领域关键技术的应用，基于专业内容的知识服务标准研制，基于专业出版内容的知识资源数据库建设，基于知识资源数据库的知识服务平台建设。"

2016 年，文化部、国家发展改革委员会、财政部、国家文物局发布的《关于推动文化文物单位文化创意产品开发的若干意见》指出："依托文化文物单位馆藏文化资源，开发各类文化创意产。""要充分运用创意和科技手段，注意与产业发展相结合，推动文化资源与现代生产生活相融合，既传播文化，又发展产业、增加效益，实现文化价值和实用价值的有机统一。""鼓励依托高新技术创新文化资源展示方式，提升体验性和互动性。支持数字文化、文化信息资源库建设，用好各类已有文化资源共建共享平台，面向社会提供知识产权许可服务，促进文化资源社会共享和深度发掘利用。"

2016 年，科技部、文化部、国家文物局发布的《国家"十三五"文化遗产保护与公共文化服务科技创新规划》指出，要"显著提升文化遗产价值认知的科技支撑能力"；"显著提升文化遗产保护修复的科技支撑能力"；"显著提升文化遗产传承利用的科技支撑能力"；"显著提升公共文化服务的科技支撑能力"；"建设 30 个高水平研发基地"；"加快人才队伍和创新团队建设"。

2016 年，国家文物局、国家发展改革委员会、科技部、工信部、财政部发布的《"互联网"+"中华文明"三年行动计划》指出："优先整合全国不可移动文物普查、可移动文物普查，以及文物价值创新挖掘工程和文物数字化展示利用工程的成果，研究统筹建立文物大数据平台。""开展文物资源的知识挖掘和信息组织，确保专业性和科学性，为后续产品开发和领域融合提供基础支撑。""重点加强新技术新装备应用支撑体系、授权经营体系、双创空间体系等 3 大支撑体系建设，突破一批文物资源数字化、数字展示、网络传播等领域的核心关键技术和装备。"同时，要推进"互联网＋文物教育""互联网＋文物文创产品""互联网＋文物素材创新""互联网＋文物动漫游戏""互联网＋文物旅游"等的发展。

2016 年，科技部、文化部、国家文物局发布的《国家"十三五"文化遗产保护与公共文化服务科技创新规划》指出："聚焦文化遗产的价值认知、保护修复、传承利用和公共文化服务 4 个重点方向，补强短板、创新发展，到 2020 年基本建成我国文化遗产保护与公共文化服务的科技创新体系。从我国文化遗产保护与公共文化服务现状出发，以形成满足文化遗产保护与公共文化服务领域重大发展需求、解决行业重大问题的系统解决方案为重点，在基础研究、重大关键技术、国产专有装备、标准体系建设方面取得实质性突破。"

2016 年，文化部、国家发展改革委员会、财政部、国家文物局发布的《关于推动文化文物单位文化创意产品开发的若干意见》指出，要"充分调动文化文物单位积极性"；"发挥各类市场主体作用"；"加强文化资源梳理与共享"；"提升文化创意产品开发水平"；"完善文化创意产品营销体系"；"加强文化创意品牌建设和保护"；"促进文化创意产品开发的跨界融合"。

2018 年，文化部、财政部发布的《藏羌彝文化产业走廊总体规划》指出："坚持保护传承和创新发展相结合，加快工艺美术产品与创意设计、现代科技和时代元素融合，增加文化含量和科技含量，提高产品附加值"；"促进民族文化元素与高新技术、音乐制作、时尚设计、广告设计、家居装饰设计相结合，大力推进文化创意和设计服务与相关产业融合发展"。

（2）2012 年以来文化部（现文化和旅游部）的文化扶持政策

2012 年发布的《文化部关于加强非物质文化遗产生产性保护的指导意见》指出："充分认识开展非物质文化遗产生产性保护的重要意义"；"正确把握非物质文化遗产生产性保护的方针和原则"；"科学推进非物质文化遗产生产性保护工作深入开展"；"建立完善非物质文化遗产生产性保护的工作机制"。

2012 年发布的《中国杂技艺术振兴规划（2011—2015）》指出："推动杂技艺术的市场主体建设"；"发挥好国内外重要杂技比赛和展演的杠杆、激励作用"；"加大政府扶持力度"；"加大杂技行业的制度建设，扩大杂技艺术的宣传和推广"。

2012 年发布的《"十二五"时期国家动漫产业发展规划》指出："'十二五'期间，努力推动我国原创动漫创意、研发、制作能力大幅提升，动漫精品力作不断涌现，技术创新能力持续增强，国际竞争力大大提高，发挥市场机制对动漫文化资源配置的积极作用，着力打造 5 至 10 个知名国产动漫品牌和骨干动漫企业，培育出一批具有较强市场意识、国内外知名的动漫艺术家和企业家，动漫产业的影响力、辐射力、带动力持续增强，动漫在社会生活各领域的普及应用更加广泛深入，成为文化产业发展的重要增长点。"

2013 年发布的《文化部信息化发展纲要》指出："全面开展文化信息资源库建设，推动文化信息资源的共建共享和开发利用"；"加强技术创新，提高数据采集、管理、分析、发布的技术手段，提高多网络渠道中文化信息服务的数量和质量"；"针对不同需要，通过线上线下多种方式提供文化信息产品和服务"。

2014 年发布的《文化部关于贯彻落实〈国务院关于推进文化创意和设计服务与相关产业融合发展的若干意见〉的实施意见》指出，要"提升文化产业的创意水平和整体实力"，主要涉及"创意设计业""动漫、游戏业""演艺、娱乐业""艺术品业""工艺美术业"五个方面。还提出要"充分发挥文化创意和设计服务对相关产业发展的支持作用"，"实施重要文化产业促进计划与工程"。

2015 年发布的《文化部公共数字文化工程管理办法》指出，"公共数字文化工程是指文化部、财政部组织实施的全国文化信息资源共享工程、数字图书馆推广工程、公共电子阅览室建设计划等"，该工程承担的任务包括：优秀公共数字文化资源的征集、建设与使用，推进公共图书馆、文化馆等公共文化机构数字化服务，推进乡镇（街道）、村（社区）公共数字文化服务，公共数字文化服务标准体系建设，公共数字文化服务平台建设。

2016 年发布的《文化部关于推动文化娱乐行业转型升级的意见》指出："鼓励生产企业开发新产品。鼓励游戏游艺设备生产企业积极引入体感、多维特效、虚拟现实、增强现实等先进技术，加快研发适应不同年龄层，益智化、健身化、技能化和具有联网竞技功能的游戏游艺设备。鼓励高科技企业利用自身科研实力和技术优势，进入文化娱乐行业，合作开展产品研发生产和娱乐场所改造升级，促进行业吸收新理念、新观念、新技术，增强文化娱乐企业创新创造的动力和活力。""顺应"互联网＋"发展趋势，鼓励娱乐场所与互联网结合发展，实现场内场外、线上线下互动，增强娱乐场所体验式服务，不断拓展新型文化产业业态。"

2016 年发布的《文化部"一带一路"文化发展行动计划（2016—2020

年）》给出了"一带一路"文化发展的发展目标、基本原则、重点任务、保障措施，其中重点明确了："以文化旅游、演艺娱乐、工艺美术、创意设计、数字文化为重点领域，支持'一带一路'沿线地区根据地域特色和民族特点实施特色文化产业项目，加强与'一带一路'国家在文化资源数字化保护与开发中的合作，积极利用'一带一路'文化交流合作平台推介文化创意产品，推动动漫游戏产业面向'一带一路'国家发展。顺应'互联网＋'发展趋势，推进互联网与文化产业融合发展，鼓励和引导社会资本投入'丝绸之路文化产业带'建设。持续推进藏羌彝文化产业走廊建设。"

2017 年发布的《中国传统工艺振兴计划》指出："立足中华民族优秀传统文化，学习借鉴人类文明优秀成果，发掘和运用传统工艺所包含的文化元素和工艺理念，丰富传统工艺的题材和产品品种，提升设计与制作水平，提高产品品质，培育中国工匠和知名品牌，使传统工艺在现代生活中得到新的广泛应用，更好满足人民群众消费升级的需要。到 2020 年，传统工艺的传承和再创造能力、行业管理水平和市场竞争力、从业者收入以及对城乡就业的促进作用得到明显提升。"

2017 年发布的《文化部"十三五"时期公共数字文化建设规划》指出："构建互联互通的公共数字文化服务网络"；"打造公共数字文化资源库群，加强资源保障"；"创新服务方式，提升服务效能"；"统筹推进重点公共数字文化工程建设"；"鼓励和支持社会力量参与公共数字文化建设"；"加强公共数字文化建设管理"。

2017 年发布的《文化部"十三五"时期文化产业发展规划》指出："推进'文化＋''互联网＋'，促进结构优化升级。""促进转型升级。促进高新科技在演艺、娱乐、文化旅游、工艺美术等传统文化行业中的应用，推进传统文化行业在内容创作、传播方式和表现手段等方面创新，推动线上线下融合发展，提升传统文化行业发展活力。""推动融合发展。推动文化创意和设计服务与装备制造业和消费品工业深度融合，提升产品附加价值。""引导企业开发智能化、技能化、健身化、具有教育功能的娱乐设备。""大力开发适宜互联网、移动终端等载体的数字文化产品，促进优秀文化产品多渠道传输、多平台展示、多终端推送。""增强文化科技创新能力。围绕文化产业发展重大需求，运用数字、互联网、移动互联网、新材料、人工智能、虚拟现实、增强现实等技术，提升文化科技自主创新能力和技术研发水平。"

2017 年发布的《关于推动数字文化产业创新发展的指导意见》指出："培育若干社会效益和经济效益突出、具有较强创新能力和核心竞争力的数字文化领军企业，一批各具特色的创新型中小微数字文化企业。动漫、游戏、网络文化、数字文化装备、数字艺术展示等重点领域实力明显增强。"

2017 年发布的《"十三五"时期全国公共图书馆事业发展规划》指出要"加强新技术应用，提升数字化服务能力"，具体要"加强图书馆数字化建设"，"加强新技术研发和应用"，"推进基层公共数字文化综合服务平台建设"。

2017 年发布的《"十三五"时期全国古籍保护工作规划》指出要"基本完成全国古籍普查登记工作"，"切实加大古籍保护力度"，"全面提升古籍修复能力"，"加强古籍整理出版和数字化建设"，"利用古籍传承和弘扬中华优秀传统文化"，"加强古籍保护制度、法规和标准建设"。

2017 年发布的《文化部办公厅关于进一步做好戏曲进校园工作的通知》指出，应"高度重视戏曲进校园工作"，"积极推动并参与建立省级戏曲进校园工作组织和协调机制"，"加强业务指导和组织管理"，"加强宣传和沟通"。

2019 年发布的《关于促进旅游演艺发展的指导意见》指出，应"提升创作生产水平"，"推进业态模式创新"，"壮大演艺经营主体"，"积极开展惠民服务"，"深化跨国跨境合作"，"强化节目内容审核"，"加大市场监管力度"，"牢牢守住安全底线"。

2019 年发布的《曲艺传承发展计划》指出，应"开展调查评估，完善档案信息"，"加强项目管理，夯实保护责任"，"做好项目记录，加强成果利用"，"扩大传承队伍，提高传承能力"，"推出优秀作品，满足人民需求"，"扶持曲艺演出，增加实践频次"，"组织展演活动，繁荣曲艺市场"，"开展曲艺普及，扩大曲艺受众"，"支持学术研究，加强专业指导"。

2019 年发布的《公共数字文化工程融合创新发展实施方案》指出："到2019 年底，实现工程的统筹管理，建立统一的标准规范框架，推出统一的基层服务界面，初步形成公共数字文化资源服务总目录，统筹开展基层数字文化资源配送，做好工程平台、资源、服务的融合创新发展试点工作。""到 2020年底，基本建成统一的工程标准规范体系，实现工程平台有效整合、资源共建共享、管理统筹规范、服务便捷高效，社会力量参与机制更加健全，服务效能显著提升。"

二、重要公共文化工程

我国政府历来重视传统文化的传承与推广。在中央和部委的大力支持下，各类文化机构开展了一系列文化工程项目，在现代信息技术环境下，通过技术手段对物质文化遗产和非物质文化遗产进行数字化保护与展示，进一步丰富了文化传承的内涵，使传统文化重新焕发生机，对增强民族认同和文化自信起到重要的作用。

1. 中华古籍保护计划

在人类的发展进程中，书籍是记录历史、传承文明的最重要载体。我国几千年来的悠久历史和文明精华通过古籍流传至今，保存有中华民族的文化基因，是国家和人民的重要精神财富。2007年，国务院办公厅发布《关于进一步加强古籍保护工作的意见》，提出在"十一五"期间大力实施"中华古籍保护计划"。依据该计划，国家部委、地方文化厅（局）、图书馆界积极行动，相互配合，共同促进古籍文献的保护[①]。为了保障工程的统筹协同和顺利实施，国务院批复同意建立全国古籍保护工作部际联席会议机制，要求按照有关文件精神认真组织开展工作。为规范和加强全国古籍保护工作的咨询、论证、评审和专业指导，促进全国古籍保护工作的全面开展，原文化部成立全国古籍保护工作专家委员会。国家图书馆作为重要的古籍文献保存机构，经中央机构编制委员会批准建立"国家古籍保护中心"，负责全国古籍普查登记、业务培训以及牵头组织推动全国古籍保护研究工作。

数字化是对古籍进行保护与展示的重要方式，国家图书馆积极推动古籍数字化标准规范的制定工作。2012年，国家图书馆（国家古籍保护中心）牵头申报的"中国古籍数字化工程研究"成为国家社科基金重大委托项目，该项目共包括"国家古籍数字化工程建设模式研究""国家古籍数字资源保存库研究""古籍数字化的质量与保障机制研究""国家古籍数字化标准建设研究""我国古籍数字化共建共享机制与模型研究"五个子项目，涵盖了当前古籍数字化建设的各个方面。该项目在分析当前古籍数字化建设存在的问题的基

---

① 中华古籍保护计划[EB/OL].[2021-08-08]. http://www.nlc.cn/pcab/gywm/zhgjbhjh/.

础上，开展系统化、前瞻性的古籍数字化工程建设研究，目的是为古籍数字文化遗产的传承、数字化古籍资源的共建共享、数字化典藏向文化产业转换等提供可行性方案。2016年9月28日，作为"中华古籍保护计划"阶段成果的"全国古籍普查登记基本数据库"和"中华古籍资源库"正式上线开展服务，标志着公共图书馆系统古籍影像和数据资源利用进入互联网服务时代，获得社会广泛关注和一致好评。国家图书馆（国家古籍保护中心）在古籍文献资源开放、共享领域作出表率，全国各省级公共图书馆积极响应，纷纷推进所藏古籍资源的开放共享工作[①]。

在中华古籍保护计划的推动下，北京大学图书馆也根据自身情况通过技术手段开展古籍保护工作。北京大学图书馆特别注意将现代科技手段应用到日常的古籍修复工作中，努力将传统的手工工艺注入科技含量，使整个修复过程达到有科学数据支撑的可控状态。而真正将科技手段和手工修复紧密结合的实践则始自"大仓藏书"，北京大学图书馆借助北京大学文博学院的仪器设备，对这批书的纸张质地、纤维结构、老化程度，个别破损典籍所受病害类型等进行抽样检测分析，由此评估这批典籍在先前的保存状态，并为为数不多的破损典籍制定专属修复方案。这一过程作为北京大学图书馆收购"大仓藏书"的重要步骤，已在2014年5月举办的"北京大学图书馆藏'大仓文库'善本展"上以图版的形式公之于众[②]。

2. 曲艺传承发展计划

戏曲具有悠久的历史、独特的魅力和深厚的群众基础，是表现和传承中华优秀传统文化的重要载体。为促进戏曲繁荣发展，弘扬中华优秀传统文化，丰富人民群众精神文化生活，2015年国务院办公厅印发《关于支持戏曲传承发展的若干政策》，要求："坚持'二为'（为人民服务，为社会主义服务）方向、'双百'（百花齐放、百家争鸣）方针，坚持以人民为中心的创作导向，坚持以社会主义核心价值观为引领，坚持扬弃继承、转化创新，保护、传承与发展并重，更好地发挥戏曲艺术在建设中华民族精神家园中的独特作用"；"力争在

① 赵文友,林世田."中华古籍保护计划"成果——以"中华古籍资源库"建设为中心的古籍数字化工作[J].新世纪图书馆,2018（3）:12-15.

② 何燕华."中华古籍保护计划"实施十年来北京大学图书馆古籍保护成果及思考[J].大学图书馆学报,2018（2）:107-111.

'十三五'期间，健全戏曲艺术保护传承工作体系、学校教育与戏曲艺术表演团体传习相结合的人才培养体系，完善戏曲艺术表演团体体制机制、戏曲工作者扎根基层潜心事业的保障激励机制，大幅提升戏曲艺术服务群众的综合能力和水平，培育有利于戏曲活起来、传下去、出精品、出名家的良好环境，形成全社会重视戏曲、关心支持戏曲艺术发展的生动局面"①。

2019 年，文化和旅游部出台了《曲艺传承发展计划》，推动曲艺类非物质文化遗产传承发展。规划到 2025 年要达成以下工作目标："曲艺类国家级非遗代表性项目档案建设和国家级代表性传承人记录工作基本完成；曲艺类非遗传承人群研修研习培训覆盖范围进一步扩大，曲艺类非遗传承人群文化自信和可持续发展能力进一步提高；曲艺演出场所数量和演出实践频次持续增长，形成一批驻场演出场所和专题品牌活动。通过本计划的实施，曲艺的整体活力显著增强，存续状态持续好转，曲种特色更加鲜明，传承队伍有效扩大，受众群体明显增加，曲艺在社会主义文化建设中的积极作用进一步得到充分发挥。"②

该计划鼓励各地积极借助各种媒体资源，创新传播渠道，搭建传播平台，加强对曲艺的宣传报道，扩大曲艺的社会影响，为曲艺传承发展营造良好的社会氛围。鼓励曲艺类非遗代表性项目保护单位、代表性传承人和各类表演团体与电视台、广播电台、互联网直播平台等开展合作，探索设立曲艺电视书场、广播书场和网络书场，开展多种形式的演播活动，拓展发展空间。截至 2019 年，在国家级非物质文化遗产代表性项目中，曲艺类项目共计 127 个大项。推动曲艺传承发展，对于弘扬中华优秀传统文化，传承中华文脉，增强文化自信，繁荣文艺事业，满足人民群众日益增长的美好生活需要等都具有重要意义③。

1985 年开始的京剧音配像工程是一项为抢救、传承和振兴京剧艺术，而组织有关部门通过音配像技术手段，复原、重现前辈京剧名家的舞台形象，抢

---

① 国务院办公厅印发关于支持戏曲传承发展若干政策的通知[EB/OL].[2021-08-18]. http://www.gov.cn/zhengce/content/2015-07/17/content_10010.htm.

② 文化和旅游部关于印发《曲艺传承发展计划》的通知[EB/OL].[2021-08-18].http://www.gov.cn/xinwen/2019-07/30/content_5416672.htm.

③ 文化和旅游部实施《曲艺传承发展计划》扶持曲艺开展驻场演出[EB/OL].[2019-08-08]. http://www.gov.cn/xinwen/2019-07/27/content_5415871.htm.

救濒临失传的优秀剧目的文化传承工程。这项工程历时 20 余载，先后曾有 70 多个单位的 30000 余人参加，共录制京剧 355 部，制作光盘 582 张，时间总长度达 500 多个小时。同期，还录制了中国评剧音配像 22 部，北方鼓曲名家曲目音配像 124 目。为深入贯彻习近平总书记文艺工作座谈会重要讲话精神，传承和弘扬中华优秀传统文化，继京剧音配像工程之后，京剧界又及时启动了"像音像工程"。中共中央宣传部对此项工程大力支持、予以指导，文化部也相应成立了像音像工程办公室，并由国家艺术基金予以资助。像音像工程选取当代京剧名家及其代表性剧目，采取先在舞台取像、再在录音室录音，然后演员用自己给自己音配像的方式，运用现代科技手段，反复加工提高，使作品最终达到几无缺憾。到 2015 年，已录制像音像剧目 21 部，相继在中央电视台戏曲频道播出后，广受好评[①]。

3. "中华传统文化百部经典"项目

激活经典、融入当下，以优秀传统文化滋养当代读者。党的十八大以来，习近平总书记高度重视传承和弘扬中华优秀传统文化，鲜明提出创造性转化、创新性发展的方针，指出"要加强对中华优秀传统文化的挖掘和阐发，使中华民族最基本的文化基因与当代文化相适应、与现代社会相协调"，"让收藏在禁宫里的文物、陈列在广阔大地上的遗产、书写在古籍里的文字都活起来"。近年来，社会各界对传承和弘扬中华优秀传统文化的关注度、共识度越来越高，古籍整理成果显著，文史类图书畅销，传统文化类节目热播。

2016 年 6 月，由中宣部支持指导、文化部委托国家图书馆组织实施的"中华传统文化百部经典"编纂工作召开编纂委员会第一次会议。2017 年初，中共中央办公厅、国务院办公厅印发《关于实施中华优秀传统文化传承发展工程的意见》，部署了传承发展中华优秀传统文化的战略任务。

"中华传统文化百部经典"丛书（简称"百部经典"），由著名学者、中央文史研究馆馆长袁行霈先生担任主编，延请德高望重的大家耆宿担当顾问，众多专家参与编纂，遴选中华传统文化中最具代表性的 100 部经典，萃取精华、赋予新意，深入浅出地进行解读，为广大读者提供立足学术、面向大众的古代

---

① 赵云波.保护传承戏曲艺术的重大举措——音配像、像音像工程浅论[J].艺术科技，2016（9）:178.

典籍普及读本。"百部经典"所选图书上起先秦，下至辛亥革命，包括哲学、文学、历史、艺术、科技等领域的重要典籍，充分展现中华传统文化的广泛性和多样性。"百部经典"首批图书共 10 部，已于 2017 年 9 月面世，第二批图书中的 5 部已于 2018 年 12 月面世[①]。截至 2021 年，"百部经典"共计出版 50 种，总体编纂进程已经过半。

在展示方式上，为了便于读者了解经典内容，国家图书馆借助 MOOC 这一新媒体方式对"中华传统文化百部经典"进行加工制作，以公开课的"大规模、开放、在线"理念，建设并共享适合社会公众在线学习、图书馆自有版权的讲座类视频资源[②]。"'国图公开课'在 MOOC 基础上特别加强知识关联和用户体验的建设，打造全民阅读平台，倡导'互联网+'时代线上与线下、视频与文字多种形态并存的便捷阅读形式。立足于图书馆的特点，对国家图书馆现有的各类资源进行深度挖掘，以文字、图片和音视频的形式插入与课程有关的背景知识，实现与馆藏图书、期刊、报纸、音像制品等资源的链接，从而形成既相互关联又保持独立的知识网络。"[③]

平台与国家图书馆统一用户管理系统实现集成，使来自全国各省市公共图书馆的 550 余万实名用户无须再次注册，就可以实现在公开课平台中的认证和登录，实现对图书馆实名用户的深度整合。该平台不仅支持无限量的匿名用户登录访问，还支持用户利用个人 QQ、新浪微博等社交网络账户进行关联登录，使新型的数字图书馆服务与传统互联网之间形成互惠。"国图公开课"同时实现了主流移动终端的应用，方便读者随时、随地、随身访问。为保证高清视频课程访问的流畅性和舒适感，国家图书馆充分发挥基于云计算的视频加速优势，联合阿里云，开通了全国各个区域的网络加速服务，以保障网络的安全畅通，大大提升了用户在远程访问中的体验。特别是线上视频直播服务，在特别活动期间通过开发提问墙等定制功能，实现了全国各地的用户实时在线与名

---

① 500 余位学者激活《中华传统文化百部经典》[EB/OL].[2019-02-08]. https://baijiahao.baidu.com/s?id=1625756569306835480&wfr=spider&for=pc.

② "大家与你面对面" 国图公开课首次走出国图举办线下特别活动[EB/OL]. [2019-08-09]. http://www.nlc.cn/dsb_zx/gtxw/201512/t20151215_110729.htm.

③ 屈菡.阅读无处不在 "互联网+"让阅读更加便捷[EB/OL]. [2019-08-09]. http://www.wenming.cn/book/zsds/201606/t20160606_3421106.shtml.

家讲师的交流互动①。

目前,"中华传统文化百部经典"丛书的公开课拍摄与制作工作正在持续进行中,首批课程《管子》《论语》《孙子兵法》《孟子》已先后制作完成并发布到国家图书馆公开课网络平台,学习用户超过11万人次。

4.公共数字文化工程

改革开放以来,我国经济发展蒸蒸日上,社会变革日新月异,人民的物质生活和精神生活取得了巨大的提高。特别是新时代信息科技的飞速发展,使得民众的信息获取和消费方式发生了根本性变革。移动互联网的普及和应用重塑了社会各行各业,打破了信息传播的空间和时间范围,使人们随时随地获取信息和知识成为可能。技术的进步为促进我国传统文化向更广范围扩展和更深程度传播提供了基础条件。以互联网、广播网、电信网等为传播渠道,以多种平台和终端设备为信息接收媒介的数字文化服务对消除地区发展不平衡、普及传统文化、促进文化繁荣发展等具有重大意义。为使民众共享技术进步和社会发展福利,使文化建设惠及大众,弘扬传统文化和增强文化自信,原文化部联合财政部共同发起公共数字文化惠民工程,重点建设和实施全国文化信息资源共享工程(简称"文化共享工程")、数字图书馆推广工程、公共电子阅览室建设计划三项工程。这是自新中国成立以来从国家层面支持力度最大、投入资金最多、涉及面最广的公共文化项目②。三大工程有力地支撑起我国公共数字文化服务体系,为我国数字文化资源建设、传播和服务奠定了基础。

(1)文化共享工程

文化共享工程自2002年实施以来,依托全国各级公共图书馆、文化馆等公共文化机构与设施,历经十余年的不断探索与发展,初步建立了层次分明、互联互通、多种方式并用的国家、省、市、县、乡镇(街道)、村(社区)等六级数字文化服务网络,实现了从城市到农村的全面覆盖③。特别是省级分中

① 李楠.MOOC背景下公共图书馆服务策略研究——以"国图公开课"为例[J].图书馆学研究,2017(3):83-86.

② 丁宁宁.从"三大公共数字文化工程"的实践看中国数字图书馆发展[J].图书馆理论与实践,2017(3):80-83.

③ 卢家林,王雪梅.文化共享工程资源建设发展新趋势研究[J].图书馆工作与研究,2017(6):124-128.

心作为文化共享工程的主要节点，已成为人们查阅全国各地特色文化资源的重要平台。根据国家数字文化网建设情况，全国已有各省级分站 23 个。各省围绕地区特点建设各类文化专题库资源，主题涵盖地理、民族、非物质文化遗产、特产、生物物种、文献、民宿、文学、艺术、地方志、家谱、史料等，资源类型丰富，涉及多种媒体形式，全部资源一站式集成，并通过互联网和卫星电视网向全国范围传播，使偏远地区和互联网尚未普及的地区都可以接收到文化信息内容。文化共享工程还通过云计算和大数据手段对全国公共文化资源进行整合，构建国家公共文化云。目前，各省公共文化云已达 31 家。一站式集成平台使各地民众能通过互联网在线观看各类视频，随时了解公共文化场馆的文化资讯，为实现线上线下文化服务提供保障。

（2）数字图书馆工程

数字图书馆推广工程于"十二五"期间启动实施，旨在推广我国在数字图书馆软硬件平台建设方面的成果。该工程以技术手段整合国家数字图书馆与全国各级公共图书馆数字资源，搭建可以满足不同需求的全媒体数字图书馆服务平台，形成覆盖全国的数字图书馆服务网络。目前，覆盖全国的数字图书馆服务体系初步形成。自 2013 年起，推广工程面向全国省市级公共图书馆广泛开展数字资源联合建设工作，不断提高数字资源规模效应和整合优势。截至2016 年底，全国共有 41 家省级图书馆和 486 家市级图书馆参与推广工程的实施，服务范围覆盖 2900 多个县级图书馆。资源联建工作开展四年来，全国各级图书馆充分结合地方特色，深耕图书馆馆藏资源，依托联建项目建设了一批内容丰富、形式多样的优秀数字资源。截至 2016 年底，累计建设元数据 40 余万条，唯一标识符 31 万余条，政府公开信息数据 980 余万条，地方数字化文献 100 万余页，采集各类网站约 4500 个，图书馆公开课 1000 余节（约 2 万分钟）[①]。以推广工程为依托，国家数字图书馆联合各地区图书馆积极开展新媒体服务，数字图书馆网站已成为民众远程检索、阅览、在线办事等的重要途径。各图书馆开发了基于手机、手持阅读器、触摸屏等终端设备的应用与服务，并通过互联网电视和数字电视等方式向海内外家庭传播文化内容。数字图书馆技

---

① 郑云霞.图书馆数字资源的共建共享——以数字图书馆推广工程为例[J].新世纪图书馆,2018（1）:48-51.

术研发初见成效，特别是针对中文信息处理的关键技术研发取得重要进展，初步形成了围绕数字资源制作、管理、组织、存储、访问、服务的技术支撑环境。这些已经形成的数字图书馆系统和各类型数字资源库，成为教育、科研、文化建设的重要保障平台，为进一步加快数字图书馆建设积累了丰富的经验，打下了坚实的基础[①]。

（3）公共电子阅览室建设计划

文化部、财政部继 2011 年发布《关于进一步加强公共数字文化建设的指导意见》之后，于 2012 年 2 月发布《"公共电子阅览室建设计划"实施方案》，明确了公共文化建设的内容、重点服务对象、推进平台、发展目标、实施步骤等。公共电子阅览室建设计划在促进公共文化建设，缩小数字鸿沟，保障公民平等享有文化权利方面有重要价值[②]。据统计，截至 2014 年 11 月，覆盖全国各省、市、县、乡镇（街道）和村（社区）的公共电子阅览室基层建设、硬件设备配置基本完成，全国公共电子阅览室建设总数为 53603 个[③]。

为适应移动互联网等现代科技发展趋势，破解公共数字文化工程（以下简称"工程"）发展中存在的瓶颈问题，推动工程转型升级、深度融合，创新公共数字文化服务业态，提升服务效能，文化和旅游部对三大数字文化惠民工程进行融合，于 2019 年 4 月 16 日发布《公共数字文化工程融合创新发展实施方案》。工程目标任务为："到 2019 年底，实现工程的统筹管理，建立统一的标准规范框架，推出统一的基层服务界面，初步形成公共数字文化资源服务总目录，统筹开展基层数字文化资源配送，做好工程平台、资源、服务的融合创新发展试点工作。到 2020 年底，基本建成统一的工程标准规范体系，实现工程平台有效整合、资源共建共享、管理统筹规范、服务便捷高效，社会力量参与机制更加健全，服务效能显著提升。"[④] 同时明确了统筹工程建设管理、整合工

① 周和平.加快实施推广工程建设覆盖全国的数字图书馆服务体系——在数字图书馆推广工程馆长培训班上的讲话[J].国家图书馆学刊,2012(5):5-13.

② 闫慧,林欢.中国公共数字文化政策的评估研究——以公共电子阅览室建设计划为样本[J].图书情报工作,2014(11):54-59.

③ 银晶.国内公共电子阅览室建设与思考[J].图书馆理论与实践,2017(5):75-79.

④ 文化和旅游部办公厅关于印发《公共数字文化工程融合创新发展实施方案》的通知[EB/OL].[2021-08-18].http://www.gov.cn/zhengce/zhengceku/2019-09/25/content_5433092.htm.

程平台与服务界面、统筹工程资源建设和服务推广、引导社会力量参与工程建设等重点任务，并为完成任务目标制定了相关的保障措施。

第二节　文化的保护与传承

一、基于数字技术的文化重建与保护

1. 传统文化资源的数字化

信息技术革命拉开了数字化时代的序幕，使人们开始了数字化生活。一般而言，"数字化"是指将客观事物（信息、信号）抽象、转变为一系列二进制代码，并对其进行加工、存储、处理、表现、展示和传播的过程[①]。文化领域的数字化应用主要包括数字采集、数字储存、数字处理、数字展示、数字传播等技术，将传统文化进行转换、再现、复原，使其变成可共享、可再生的数字形态，并以新的视角加以解读，以新的方式加以保存，以新的需求加以利用。

数字化具有跨时空、虚拟现实性和复制成本低等特点。数字化技术能实现图文声像与数字信息的相互转换，能方便地修改、编辑、存储和删除资料信息，从而实现对数字资源的高速传输、快速精准检索和跨时空共享[②]。现代科技的发展促进了数字化技术的普及应用与深入拓展，在我国文化的传承与保护方面发挥了重大的作用。数字化在我国文化艺术领域的应用已有许多成熟案例。

自 1998 年起，北京故宫博物院就着手建设数字博物馆项目"数字故宫"，经过多年的建设和发展，在"数字故宫"基础上开发出的线上"故宫社区"整合了故宫资讯、导览、建筑、藏品、展览、学术、文创等十余类数据，让观众成为博物馆的参与者与建设者。北京故宫博物院还揭开了文化遗产数字化 App 研究与创作的序幕。2013 年，北京故宫博物院发布了自主研发的第一款主题式 App "胤禛美人图"。此应用以故宫博物院藏清代宫廷仕女画《雍亲王题书

---

① 赵东.数字化生存下的历史文化资源保护与开发研究[D].济南:山东大学,2014.

② 姜雯昱,曹俊文.以数字化促进公共文化服务精准化供给:实践、困境与对策[J].求实,2018（6）:48-61.

堂深居图屏》为素材，以故宫学相关领域专家的研究成果为学术支撑，从绘画作品中的妆容发饰、室内家具、器物陈设、图案隐喻等各个角度，引导用户欣赏宫廷绘画雍容华贵的审美情趣、仕女画工整妍丽的艺术特色，亲历古色古香的生活场景，了解作品背后隐藏的故事，以此充分了解故宫博物院的相关文物研究成果。除故宫之外的众多国内外博物馆也都在利用各种技术与合作方式来推进数字博物馆的建设，激活馆藏资源。截至 2018 年，仅在百科数字博物馆这一平台上，就有 235 家数字博物馆上线，收录了 1625 家博物馆的文图资料，线上浏览量超过 7300 万次[①]。

　　古籍保护一直是文化传承与改革的重点工作内容，而数字化则是古籍保护的重点方向。我国古籍数字化工作从 20 世纪 90 年代中期开始进入快速发展阶段，"中国数字图书馆工程""中华再造善本工程""中华字库工程"等重点项目陆续展开，参与古籍数字化工作的主体越来越庞大，数字化工作覆盖的古籍文献也日渐丰富和全面[②]。如目前国家图书馆已经建成包含 36 个子库（如"中华古籍资源库""古代古籍""四部丛刊"等）的古籍资源库，北京大学建设数字图书馆古文献资源库"秘籍琳琅"，全国 24 家重点高校图书馆共建高校古文献资源库"学苑汲古"[③]，以及首都图书馆、南京图书馆、东北师范大学古籍研究所等机构针对各自馆藏特色古籍资源展开的数字化项目，这些都为我国古籍数字化工作的开展作出了瞩目的贡献。值得注意的是，数字化对象除经典古籍外，国家图书馆推出的"碑砧菁华""西夏碎金""敦煌遗珍"等专题数据库，上海图书馆建立的家谱书目数据库，以及各地的地方志文献数字化工程与项目，都将越来越多的特色古籍资源纳入古籍数字化事业中[④]。

　　为促进散藏于世界各地的藏经洞文物的综合利用，国际敦煌项目（IDP）于 1994 年正式启动，其核心工作是对敦煌与新疆出土古文献及文物的修复、编目与保护。随着网络技术的发展，IDP 希望通过与收藏机构的合作，以高质量的数字图像将这些艺术品重新拼合在一起，使学者和公众可以在网上获得越

---

① 彦风.文化遗产的数字化应用[J].美术观察,2018（7）:19-22.

② 余力,管家娃.我国古籍数字化建设现状分析及发展研究[J].数字图书馆论坛,2017（11）:41-47.

③ 姜妮.国内古籍数字化之解析与探讨[J].四川图书馆学报,2016（1）:72-75.

④ 梁达讯.浅谈古籍文献的数字化之路[J].才智,2015（29）:286-287.

来越多的相关信息①。于2016年5月1日正式上线的"数字敦煌"资源库②，利用了现代数字技术拍摄、扫描、获取、存储敦煌石窟文物信息，并通过建立多元化、集成化的数字敦煌数据库、数字资产管理系统、数字资源永久保存系统，在实现永久保存敦煌文化艺术资源的同时，为学术研究和多元利用提供更多可能。敦煌文献数字化工作始于1997年，其核心是通过广泛的国际合作建立IDP数据库，目标是将所有收集品数字化之后放到网上。该数据库是国际敦煌项目最重要的成果之一，其通过制定严格的数字化标准，帮助各国的工作人员掌握先进的数字化技术，并将参与机构的全部写本、手卷或其他材料的信息，包括每条记录附有的高质量图像、研究论著索引等统一放入IDP数据库中。伦敦IDP中心还负责将设有自己IDP网站的合作机构的图像和元数据放在伦敦IDP网站服务器上。这样就实现了为世界范围内的敦煌文献建立统一、完整的目录的目标。全世界的用户可以通过任何一种语言的IDP网站，免费检索和利用全部的书目和图像信息，真正实现了资源的共建共享③。1998年，IDP网站正式运行。如今，它可向世界范围内的互联网用户免费提供超过5万幅绘画、文物、历史照片、写卷图像，并且每天不断增加新的数据。

　　非物质文化遗产的数字化也得到较为成功的应用。复州皮影戏曲是瓦房店地区传统戏曲，具有几百年的历史，是国家级非物质文化遗产项目，其活动基地在农村，绝大多数的演艺人员和传承人也都住在农村。瓦房店市是文化部确定的首批13个非遗数字化保护工作试点城市之一，从2013年开始启动"复州皮影戏"的数字化保护工作，于2016年圆满完成。工作人员对复州皮影戏的唱腔、角色行当、伴奏、唱本、影人雕刻、操影演艺等诸多方面进行了文字、图片、视频、音频等数字化处理，使之成为一整套独立的数字化系统。项目共完成数字化描述文案约5万字，对复州皮影戏的制作、演艺进行了全程具体描述，做到了文字与图片、文字与视频、文字与音频的相互统一，达到了文图互

---

① 魏泓.国际敦煌项目（IDP）——敦煌与新疆的古文献及文物的数字化储存与访问[J].敦煌研究,2014（3）:51-55.

② 数字敦煌[EB/OL].[2018-08-08].https://www.e-dunhuang.com/index.htm.

③ 喻雯虹.古籍数字化资源的共建共享——从国际敦煌项目（IDP）谈起[J].图书馆论坛,2011（3）:87-89.

证、文音互证、文视互证的标准^①。

2. 文化资源的采集与加工

2005 年,《国务院办公厅关于加强我国非物质文化遗产保护工作的意见》发布,指出"要运用文字、录音、录像、数字化多媒体等各种方式,对非物质文化遗产进行真实、系统和全面的记录,建立档案和数据库"^②。现代化技术已能对非物质文化遗产的采集和管理提供技术支持。一方面,数字化技术的发展,口传与媒体相结合形成音像多媒体,以惊人的速度和大大超越旧时文本的方式扩展时空,并以高度的可塑性与文字相结合,成为音、像、文的"三位一体"。电视节目可以通过字幕来展现文本,并运用视频与音频技术使传统文本向超文本迈进,这为非物质文化遗产的生产与保存提供了有力的技术支撑。另一方面,随着网络技术的发展,用户获取文献的途径被大大拓宽,非物质文化遗产知识资源体外保存、跨时空交流共享的社会技术条件日趋成熟^③。

甘肃省科学院在文化遗产数据采集与应用方面已取得了丰硕成果。科学院与甘肃谷仓影像科技有限公司共同成立了文物古迹数字采集复制中心,该中心研发的百亿级像素文史古迹高精度采集复制系统技术已经获得国家发明专利 5 项,达到了国际先进水平,实现了文化遗产高精度的数据终极采集与记录,并利用该项技术制作出了敦煌壁画艺术品再现成果、魏晋墓砖画艺术品再现成果、知名画家艺术数据记录及应用成果。2014 年,甘肃省科学院联合中国科学院深圳先进技术研究院、甘肃谷仓影像科技有限公司联合成立国家级文化遗产大数据采集中心,共同推进甘肃文化的发展和产业开发。

苏州市开展"香山帮传统建筑营造技艺"项目数字化采集工作,购置了数据库服务器、数据存储设备、电脑、数码相机(摄像机)等设备用于采集和保存,并规划信息机房,完善网络环境,与省保护中心服务器、国家中心服务器顺利对接,形成了"国家—省—市—保护单位"四级数字化采录保存、共享互通体系。项目保护单位做了大量的资料收集整理工作,多年来共积累了大量的

① 高光辉.非物质文化遗产保护项目的数字化采集刍议[J].戏剧之家,2015(6):271.
② 国务院办公厅关于加强我国非物质文化遗产保护工作的意见[EB/OL].[2021-08-18]. http://www.gov.cn/zhengce/content/2008-03-28/content_5937.htm.
③ 吕庆华.地方高校图书馆对非物质文化遗产的采集与管理[J].图书馆建设,2007(6):60-63.

档案资料，包括文字记录近 80 万字，图片近千幅，录音录像资料 500 多分钟。该数字化项目不仅将原有资料全部数字化，还新采集了 20 多万文字、400 多幅图片和 500 分钟的音视频资料，其数字资源总量达 20GB①。

近年来，由于三维扫描技术的不断发展，部分博物馆开展了三维数据采集工作，取得了不少经验与成果。其中，内蒙古博物馆将 600 余件（套）馆藏文物通过三维激光扫描方式读取点云数据，针对体量较小、纹饰精美、表面纹理复杂的金银器选用扫描半径短但精度高的设备，对体量较大、扫描难度较大的文物采取大范围扫描设备与手持式扫描仪相结合的方式。然后将获取的点云数据进行拼接，生成云模型，在人工光源的环境下提取文物表面色彩纹理，将以上数据导入应用程序，即可实现文物采集数据的管理与查看②。

新疆尼雅遗址出土的"五星出东方利中国"织锦护臂是国家一级文物、中国首批禁止出国（境）展览文物，被誉为 20 世纪中国考古学最伟大的发现之一，其技术数据、织物规格和装造方案是探索汉锦工艺的重要参照。为了高质量保存织物信息，专业人员首先使用二维扫描设备对文物整体进行高精度扫描，完成形状与颜色信息的整体记录；然后使用三维超景深显微镜采集纱线结构、编织结构、微观形貌等信息，使用便携式测色仪和微型光纤光谱仪对选取的文物代表色的 Lab 和光谱信息进行采集；接下来使用微型光纤光谱仪对文物染料的光谱信息进行采集，为之后清洗和追踪染料种类提供依据；最后，使用数码相机、三维超景深显微镜对文物残缺、破裂、粘连、皱褶、水渍、印绘脱落、饱水、微生物损害、糟朽等病害信息进行病害类型识别，使用色差仪、微型光纤光谱仪对文物晕色、褪色、污染物进行光谱分析。分析完成后，依照三维超景深显微镜对文物表面特征所拍摄和测量的图像与数据，按照国家文物局可移动文物的评估标准绘制相关纹样信息。这样的处理，不仅实现文物完整、帮助永久保存，同时还为文物的原真复制、教学研究、宣传展示、病害统计等

① 许铁璐.非遗数字化采集工作实践研究——以"香山帮传统建筑营造技艺"为例[J].大舞台,2015(12):234-235.

② 塔拉,李少兵,李丽雅.内蒙古博物院馆藏文物三维数据采集及成果应用初探[J].中国博物馆,2012(1):32-35.

提供依据①。

以互联网等为代表的现代信息技术革命正在对人类社会、经济、文化领域产生重大影响，重塑着人类信息获取与交流的模式。网络和智能移动终端的普及与应用使得互联网信息承载了社会和公民在一定历史时期的发展脉络和全景画卷，是弥足珍贵的国家记忆和时代快照，具有重要的人文和科研价值。中国国家图书馆十分重视网络信息资源的采集与保存，于2003年开展了网络信息采集与保存试验项目（Web Information Collection and Preservation，WICP），于2007年加入国际互联网保存联盟，并于2009年成立了国家图书馆互联网信息保存保护中心，通过国内外的广泛合作，致力于网络信息资源的长期保存和利用服务。经过十几年的积累和发展，项目已形成了涵盖国内外政治、经济、社会、文化、科技等领域重要网站和重大专题网络资源的特色化网络资源建设体系，数据量超过100TB，成为我国数字图书馆资源建设的重要组成部分，为政府决策、科学研究和满足民众信息需求提供了重要支持。在国家图书馆的示范和带动下，各地方馆也开始根据自身需求，开展具有地方文化特点的网络资源建设，网络信息保存的规模化效益逐渐显现。

3. 文物三维建模

因为文物具有形状、纹理多样和不易接触等特点，所以如何能准确快速地获取文物数字表面模型成为一个重要问题。考虑到大部分文物不可以直接接触，而且文物无损检测对精度要求较高，目前，人们已将三维激光扫描技术、无人机、近景摄影测量等非接触式的三维信息采集技术应用到文物保护中②。

地面三维激光扫描（Terrestrial Laser Scanner，TLS）技术可以直接、快速获取地物表面高精度、高密度的三维空间信息，结合仪器携带的高分辨率数码相机，能够十分逼真地保留物体及其细部特征信息，在文化遗产的记录和保护中有着广泛应用③。故宫博物院联合北京建筑工程学院利用TLS技术开展了

---

① 尚玉平,欧阳盼,刁常宇,等. 新疆尼雅墓地出土纺织品文物的数字化信息采集——以95MNIM8:15"五星出东方利中国"织锦护臂为例[J].文物,2020（5）:80-88.

② 叶满珠,廖世芳,包富华.三维建模技术在文物保护中的应用[J].信息与电脑,2017（15）:33-35.

③ 万怡平,习晓环,王成,等.TLS技术在表面复杂文物三维重建中的应用研究[J].测绘通报,2014（11）:57-59.

"古建筑数字化测量技术研究"，对故宫太和殿等主要建筑进行了精细数字化，并构建三维模型①。周伟等利用TLS技术对北京颐和园佛香阁进行了整体扫描，探讨了 TLS 技术在大型古建筑变形监测中的应用和可行性②。2011 年，中国文化遗产研究院采用 TLS 技术对重庆大足石刻的千手观音进行了数字化扫描，为其抢救性恢复提供了精确的模型支持。

内蒙古四子王旗红格尔水库项目于 2013 年 4 月开工建设。文化遗产保护人员根据大比例尺地形图和高分辨率卫星影像等资料，制作了拟建水库所在区域的三维模型，分析水库蓄水前后红格尔活佛夏宫等遗址的淹没情况、水库库容与周边景观变化，以及水位升高对水库周边各个遗址带来的潜在影响等，并据此制定切实可行的文化遗产保护方案，对水库大坝的选址、蓄水高度、周边道路改造等提出科学合理的意见和建议③。

二、检测与修复技术的创新与实践

1. 文物修复与保护

文物的修复与保护是中华优秀传统文化传承的重要环节。人类活动、气候条件不可控、保存环境恶劣等因素使大量文物面临着不可逆的损毁，对文物进行修复，还原其本来面貌，已成为文化保护的重要课题。现代技术特别是物理材料、化学、高分子等技术的发展和应用为文物修复与保护提供了良好的解决方案。

故宫博物院藏有一件辽代金属面具，其出现表面锈蚀、断裂和缺失等问题，需进行修复处理。修复人员使用多种现代仪器分析手段，揭示其材质和制作工艺，了解病害产物的类型及其成因，确定了曾进行过修复处理的区域及其使用的修复材料种类，同时发现面具眉部上方原始丝织附属品的痕迹，并推测了其功用。根据分析测试结果，修复人员有针对性地制定了保护修复方案，引入计算机模拟修复、3D 打印技术等新技术，选取环十二烷等新材料，结合金

---

① 王莫.三维激光扫描技术在故宫古建筑测绘中的应用研究[J].故宫博物院院刊,2011（6）:143-156.

② 周伟,李奇,李畅,等.利用激光扫描技术监测大型古建筑变形的研究[J].测绘通报,2012（4）:52-54.

③ 刘建国.三维重建在文物考古工作中的应用[J].中国文化遗产,2015（5）:43-47.

属文物修复的传统技术，对面具进行修复处理。现代科技与传统技艺相结合的方法，提高了金属文物保护修复工作的科学性、可靠性以及效率，解决了部分传统技术难以克服的问题，为同类文物的修复提供了可借鉴的案例[①]。

2009年5月，由中国丝绸博物馆合作完成的一项"丝蛋白仿生复合加固体系"新技术，被初次用于出土的辽代古丝织品修复。该技术在糟朽的丝蛋白空隙之间用新的丝蛋白来进行修补和黏接，但这种修复用的丝蛋白是用茧丝和另一种助剂形成的复合加固材料。应用后丝绸的强度增加了5倍，而且表现效果基本没有变化，达到了文物修复的基本要求[②]。

2002年出土的湖北枣阳九连墩编钟制造于战国中晚期楚国经济、文化鼎盛时期，是继曾侯乙编钟后又一重大音乐考古发现。该组编钟中有多枚破损严重，乐钟特征完全丧失。如果不能使其复原，编钟组的音律就不完整，其文物价值将大打折扣。由胡家喜、曾晓雁、张翔等人完成的"中国双音钟形声复原研究"项目首次提出采用激光焊接技术取代传统工艺，攻克了激光焊接填充合金粉末成分优化、编钟精密矫形与定位器具设计、焊缝裂纹抑止等关键技术难题，最终成功被应用于九连墩编钟的修复工作[③]。

2. 文物质量检测

故宫博物院文保科技部作为负责文物保护修复的部门，很早就将现代分析技术引入文物保护研究工作中，例如使用X射线照相技术对青铜器进行无损分析研究等。自2006年起，科研人员不断拓展研究领域，利用多种分析方法对古代壁画、唐卡、书画印泥、玻璃、掐丝珐琅、彩画与颜料、壁纸、漆纱、建筑金属构件等各类型的文物进行分析研究，既包括X射线荧光光谱XRF、X射线衍射光谱XRD和各类显微观察方法，也开始涉及显微红外、近红外光谱、气相色谱、质谱连用GC-MS等有机分析方法，另外对同步辐射分析技术、激光剥蚀电感耦合等离子体质谱仪、激光诱导击穿光谱仪、光学相干断层扫描技术等相对较新的分析方法开展研究，为文物保护修复提供了大量的数据

---

① 曲亮,高飞,刘建宇,等.现代科技与传统技艺结合的金属文物保护修复研究——以故宫博物院藏辽代金属面具为例[J].博物院,2018(4):119-127.

② 谢媛.妙手补霓裳——揭开国内顶尖丝织文物修复面纱[EB/OL].[2019-08-08]. https://news.artron.net/20101124/n135507.html.

③ 一种全新的金属文物高质量修复技术[J].光学与光电技术,2009(2):93.

支撑[①]。

中子活化分析是一种具有高灵敏度、高选择性的分析方法，它同时可测定出样品内的多种微量元素，从而确定标本的产地和材料来源，在古陶瓷原料来源的研究方面具有独特的优势。杭州乌龟山窑址是目前唯一被发现的南宋官窑遗址。针对该遗址不同时期、不同釉色和以不同工艺烧制的官窑瓷器的釉料与胎料的原料产地等问题，研究者应用中子活化分析技术对不同时期南宋官窑瓷器的釉和胎以及遗址中缸内或练泥池内的原料、紫金土等进行检测，得到了36种微量元素的含量及9种指纹元素焊料等有关南宋官窑瓷器原料来源的有价值信息[②]。

在文物保护与利用工作中，文物的无损检测分析指的是不给所检测的文物带来任何物理和化学变化和危害的分析检测技术。为保护文物不受损伤，在文物检测分析中采用无损检测分析技术尤为重要。随着国家对文物保护工作的力度逐步加强，全国各地无损检测分析技术正快速得到逐步应用和发展，检测分析技术正朝着综合化和自动化趋势发展，检测技术和设备越来越先进。在文物保护的严峻形势下，无损检测分析方法能够快速鉴定文物，并分析其存在的问题，进而采取有效保护措施进行文物保护。自动化和信息化技术在文物中的不断运用和发展，不仅有效提高了无损检测技术的效率，还能够避免人为因素的影响[③]。

三、信息技术在藏品管理中的应用

1. 文化藏品管理

随着智能化时代的来临，藏品管理工作也需更加高效、灵活地进行。利用物联网及相关技术，能快速、准确地对文物信息进行采集，对文物存放环境进行监测，对出入库人员信息进行识别。这不但提高了工作效率，增强了安

---

① 史宁昌,曲亮.故宫文物医院分析检测设备的配置理念与实践[J].中国文物科学研究,2017(3):38-42.

② 霍雪松,徐作芳.文物科技检测中的化学元素分析方法概述[J].科鉴,2015(12):49-51.

③ 徐佑成.基于无损检测分析技术在文物保护中的应用[J].科技创新导报,2016(17):54-55.

全性，而且为实现文物智能化管理提供了新思路、新手段。物联网技术在博物馆领域的应用时间不长。目前，秦始皇帝陵博物院已在部分库房及展厅实现了基于物联网技术的藏品管理方法。将物联网的射频识别（RFID）技术、传感器技术、视频图像技术及网络技术等应用于藏品管理工作中，建立文物、装具与 RFID 标签之间的密切关联，为每件文物建立唯一的身份凭证。将物联网相关技术与文物数据库相结合后，管理人员便能够实时获取具体文物的详细信息（包括文物基本信息、多媒体信息、位置信息、保存环境信息等），同时，RFID 门禁系统的自动侦测可详细、实时记录文物及人员出入库信息，为文物管理提供有效的管理依据和手段，可以实现文物信息的快速读取和写入、文物存放位置和状态及文物存放环境的监测、出入库人员的管理等[①]。

2013 年 11 月，南京博物院二期改扩建工程完工，为配合重新开馆后的藏品管理工作，南京博物院投入大量人力、物力，开发了一套较为先进的立体化藏品管理系统。系统由管理软件、RFID 标签识别系统和传感监测系统组成，各系统相互关联，共同完成对馆藏文物的管理。动态缓冲数据库管理系统（DBM）是核心，RFID 标签识别和传感监测是系统实施管理功能的基础和手段。目前，该系统已经实现了在库房及大部分展厅基于物联网技术的藏品管理，完成了 24 万件藏品数据的导入工作、3.8TB 的影像数据导入及处理，同时还支持 20 种以上的凭证、账册、卡片、清册等文档导出。系统可以对藏品进行无接触式管理，自动识别藏品出入库管理，优化库房管理流程，进行库房及展厅环境监测等[②]。

2. 文化藏品安全监控

文物"预防性保护"是对博物馆文物保存环境进行有效监控，实现对文物的长期保护，防止其因外部因素进一步被损害。基于物联网技术的环境安全监控能够对文物保存环境进行有效的监测，最大限度抑制和减缓外部因素对文物材料的破坏作用，是预防性地从源头上保护珍贵文物的关键，也是当今世界文物科学保护领域的发展趋势。

---

① 王婷.物联网技术在博物馆藏品管理中的应用分析——以秦始皇帝陵博物院为例[J].文物保护与考古科学,2014(1):93-98.
② 张晓婉.物联网技术在博物馆藏品管理中的应用[J].江苏科技信息,2018(12):49-54.

　　"奇迹天工——中国古代发明创造文物展"是2008年奥运会期间我国举办的重量级文物展览，是奥运工作中的重大项目之一。该展览从全国调集三百多件文物精品，高等级文物数量众多，涉及织物、纸质、陶瓷和青铜四大类文物，以及少量木质、骨质、陶质等文物，在展厅环境不能做到恒温恒湿控制的情况下，需要特别注重对展柜内微环境的监测与调控。该展览首次运用基于"洁净"概念的文物预防性保护理念，尝试运用无线传感网络监控文物保存微环境，获得了良好效果，有效保障了参展国宝文物的保存安全[①]。

　　国家典籍博物馆是在2012年7月挂牌成立，并于2014年9月投入试运营的一家以陈列典籍为主的博物馆。国家典籍博物馆中的大量陈列基础设备都应用了物联网技术，其中以智能陈列照明系统、智能环境监控系统最为突出。这两套系统不但大大降低了博物馆的运营成本、减少了人力投入、为观众提供了更好的观展体验，还为文物提供了更好的保护，使博物馆良性可持续运营成为可能[②]。国家典籍博物馆为了确保古籍陈展的安全，在筹备阶段对陈列环境提出了苛刻的要求：展厅应具备恒温恒湿功能，并且要求对有害气体进行应急排放，同时过滤掉细颗粒物等，尽可能地保障文物的安全。例如国家典籍博物馆各个展厅的温度都可以控制在20—22℃，各展厅的湿度都可以控制在45%—55%，各个展厅的气体过滤装置均可以实现对PM2.5细颗粒物的过滤，所有展厅均配备有强排装置，在室内有害气体超标时，可以主动开启，在第一时间将有害气体排到室外。依靠这样一套主动防御系统，管理人员就可以很好地对展厅环境进行控制。为了保证这套主动防御系统运转正常，国家典籍博物馆还有一套针对环境状况的监控系统。这套监控系统24小时全年不间断地对展厅的各项环境数据进行监测，一旦发现有超过设定值的数据出现，则会通知管理人员进行处理。这套闭环环境监测系统可以通过人工方式，反控展厅环境控制系统，它的角色相当于一个工程中的第三方监理。有了负责展厅环境监测并控制展厅环境的基础环境控制系统、独立的闭环第三方环境监测系统，再通过人工方式进行补充监测，保证了国家典籍博物馆展厅环境和展柜环境的稳定，确保

---

　　① 吴来明,徐方圆,黄河.博物馆环境监控及相关物联网技术应用需求分析[J].文物保护与考古科学,2011(3):96-102.

　　② 刘畅.物联网时代博物馆智慧化初探——以国家典籍博物馆为例[J].中国管理信息化,2018(8):138-141.

了文物环境安全。

文物展柜被称为文物安全的最后一道防线。它同样具备湿度调节功能，可以恒时保证展柜内湿度为 50%。国家典籍博物馆的所有展柜均采用超白夹胶玻璃，即可以抵抗高强度的破拆和破坏，不法人员无法在 10 分钟内在不采用大型破拆工具的情况下接触到文物。它还可以阻挡有害光线，如紫外线和红外线等进入展柜的文物陈列区域。展厅和展柜均采用了最新的技术打造，以此保证了从大环境到小环境的文物陈列安全，使文物在被展示的同时，不用担心文物安全问题，为传统文化的传承提供了基础保障。

3. 文物展陈

国家典籍博物馆借助智能照明技术助力古籍陈列展示，其采用的智能照明系统是一套基于数字可寻址照明接口（Digital Addressable Lighting Interface，DALI）协议的、全部由 LED 光源组成的博物馆专用照明系统。DALI 是国际公开规格的照明控制通信协议，通信速度为 1200BPS ± 10%，主要用于多个荧光灯以及 LED 照明的调光控制。典籍博物馆中使用这种灯具，可以独立对每个灯具进行远程控制调光，即可以远程实现亮度、色温、设备开启关闭等的控制。LED 是发光二极管光源的统称，典籍博物馆中使用的 LED 光源色温为 3000K，无红外线和紫外线，显色指数达到 90 以上，是对光明感的有机质文物最友好的光源。国家典籍博物馆的智能照明系统将 DALI 协议应用在 LED 照明灯具上，并且针对不同展览和不同文物进行了个性化的编程。当国家典籍博物馆展出对光敏感的文物时，就可以将文物区域的平均照度远程调整至低于 50Lux，保证文物的安全。通过设置人员捕捉模式，当有观众靠近文物时，灯光将自动调亮至 50Lux，既保证观众可以看清文物，又符合国家文物局相关安全文件规定的标准；而文物周围没有观众时，灯光平均照度可调低，这样文物累计总曝光量就会显著降低，进而增加了文物的安全陈展时间，确保了文物可以有更多的时间和观众见面。此外，智能照明系统还会通过 DALI 协议发送信号给其他设备，如音频播放设备等，这样当观众靠近文物的时候，不仅可以看到灯光亮起，还能听到与照明同步的文物解说音频，提升了观众的参观体验。这种新技术的应用可以说既提高了资金利用率，又保护了文物，还给观众带来了更好的博物馆观展体验，对中华优秀传统文化传承的意义不言而喻。

第三节 文化传播和服务推广

一、基于融媒体的文化传播

1. 传统文化与新媒体的融合发展

党的十八大以来，以习近平同志为核心的党中央高度重视传统媒体和新兴媒体的融合发展，习近平总书记多次在不同场合强调要利用新技术、新应用创新媒体传播方式。2014 年 8 月 18 日，习近平总书记在中央全面深化改革领导小组第四次会议上发表重要讲话时指出："推动传统媒体和新兴媒体融合发展，要遵循新闻传播规律和新兴媒体发展规律，强化互联网思维，坚持传统媒体和新兴媒体优势互补、一体发展，坚持先进技术为支撑、内容建设为根本，推动传统媒体和新兴媒体在内容、渠道、平台、经营、管理等方面的深度融合……形成立体多样、融合发展的现代传播体系。"① 将数字技术、虚拟现实等技术应用于传统文化，可以增强受众的互动操作性，让受众参与到传统文化的氛围中，更好地传承和发扬传统文化。这种模式的应用尤其吸引年轻观众的关注。

成立于 2015 年的故宫博物院的"端门数字馆"项目，是全国第一家将古代建筑、传统文化与现代科技完美融合的全数字化展厅。故宫经过一年多的筹备，将"发现·养心殿"作为端门数字馆的第二个主题大展。在这里，通过大型高沉浸式投影屏幕、虚拟现实头盔、体感捕捉设备、可触摸屏等，观众可以走进虚拟世界中的养心殿，运用人工智能、虚拟现实、语音图像识别等多种先进技术，与朝中重臣自由"对话"，全方位鉴赏珍贵文物，甚至还能去皇帝的寝殿里逛逛。注重开放性、多样性、体验性和互动性是本次展览的一大亮点。与以往单向被动式参观不同，该展更加注重探索和体验，观众可以通过手机微信扫描"端门数字馆"导览小程序进行自主探索，更可以参与到多种有趣的交

---

① 习近平主持召开中央全面深化改革领导小组第四次会议[EB/OL].[2021-09-09]. http://www.gov.cn/xinwen/2014-08/18/content_2736451.htm.

互环节中。在展览互动区，利用小程序可以体验"召见大臣""朱批奏折""走进三希堂""鉴藏珍玩""亲制御膳""穿搭服饰"等游戏，感受养心殿的文化元素。在展览体验区，观众可以戴上虚拟现实头盔，走进虚拟的养心殿正殿和后寝殿，从不同的视角欣赏养心殿的每一个角落。利用端门数字馆项目，观众能够通过多种数字互动技术与古典家具结合展示书画器物等珍品。观众可以在长约 8 米的超清晰"数字长卷"前，聆听《清明上河图》的市井繁华，用烛光点亮《韩熙载夜宴图》的歌舞场景，细致到每一个人物的表情。观众还可以把玩"数字多宝阁"里面琳琅满目的瓷器、玉器、青铜器，从各种角度翻转查看藏品，放大观看藏品的每一个细部。故宫博物院原院长单霁翔认为，这些方式能帮助公众真正走进故宫，了解传统文化，有利于更好地传承和发扬中华传统文化[①]。故宫博物院还计划搭建一个以故宫博物院官方网站为核心和主入口，由网站群、App、多媒体数据资源等各种信息构成，线上、线下互通互联的一站式聚合平台，为观众提供便捷、全面的博物馆数字资讯，并提供具有在线讨论、分享、沟通等功能的"数字社区服务"，以更加丰富、多元和生动的数字文创产品，让馆藏文物活起来。

新媒体手段在典籍博物馆中被广泛应用。这种应用既体现在直观的与观众的互动方面，也体现在对新媒体设备的管理方面。国家典籍博物馆设有在全国十大精品陈列展览推介活动中获得一等奖的"甲骨文记忆"展览的展厅投影互动场景。这套系统由 3 路 1.4 万流明的高清投影机和小型触摸屏幕组成。整个互动场景占地 600 平方米，高 9 米。3 路投影机分别为顶部、前部前景和前部后景投射图像，触屏系统则为人机互动提供界面服务。观众可以操作触摸屏来进行模拟占卜操作，触屏会通过不同的动画进行占卜模拟演示，以直观且震撼的方式告诉观众甲骨文的起源故事。在观众未对触屏进行操作时，几路投影会分别播放引导动画。此外，场景中还有大量静态的灯光配合渲染展厅的气氛。这个展厅的互动系统，极大地渲染了展厅的神秘色彩，充分激发了观众的参观热情，从观众进入展厅的那一刻就调动起观众对传统文化的求知欲。此外，展厅中还配有"甲骨文互动书写打印系统"，它是一个

---

① 数字技术让传统文化活起来[EB/OL].[2019-08-08]. http://www.sohu.com/a/82360006_219998.

支持触摸屏互动书写功能，并能将输入结果加以装饰，以彩色图片形式输出的观众人机交互系统。它内部内置了与姓氏、生肖等对应的数十个甲骨文文字，并且还有好玩的卡通动画作为装饰。观众可以用手指在屏幕上模拟书写，然后系统会按照观众书写的好坏程度进行评分，如果观众对书写的结果满意，就可以选择将自己的书写作品打印成彩色的 A4 印刷品带回家。这个打印系统深受观众的欢迎，经常可以看到观众在屏幕前排队打印的场景。它以观众喜闻乐见的形式，教会了观众如何书写甲骨文，实现了让观众把传统文化带回家的目的。此外还有典籍博物馆留影系统，它就是一个简单的、背景是典籍博物馆的互动照相系统，观众可以在它前面留影，然后通过二维码或者邮箱方式发送给自己或任何人。这种方式虽然简单，但最多却实现了单日发送近千张的拍摄和发送量，对典籍博物馆的推广作用很大，而典籍博物馆作为传统文化的教育基地，它对传统文化的宣传作用可想而知。

在对这些新媒体设备的管理方面，新技术手段同样出色。所有的新媒体设备全都在中央控制系统的管理之下。每个项目可以定时开启、关闭。管理员可以使用 Pad 实时控制项目的演示状态，比如播放进度、声音大小等。所有的设备之间有光纤、双绞线或 WIFI 实现与中央控制服务器的连接。服务器中控软件系统则实时监控着所有设备的运行状态，有一个设备工作状态出现异常都会立刻通知管理人员进行检测和维护。如果管理人员想了解，甚至可以查询每个投影机灯泡的剩余寿命。正是通过这套中控系统，数百台展厅新媒体设备只需要一名兼职维护人员就能完成管理和基础维护。这为典籍博物馆的运营节约了大量的人力资源，大大降低了传播传统文化所需要的人力投入。

历届奥运会主办国在策划开幕式文艺表演时，都极力展现本国的深厚文化积累。2008 年北京奥运会开幕式最具匠心的构思无疑是那幅巨大的中国写意长卷，寓意深刻、内涵丰富，将充满文化自信的中国呈现在世界面前，展现了中华历史文化的发源、发展。北京奥运会开幕式坚持用世界语言讲述中国故事。开幕式充分体现了民族特色、时代特征，以中国特有的'绘画长卷'为线索，以中国美学的写意方式展现东方文明的底蕴，用绚烂的色彩展示当代中国的勃勃生机，用富有创造性的当代艺术表现形式，赋予开幕式以现代性和国际性风貌。

2018 年平昌冬奥会的"北京 8 分钟"更成为彰显文化自信、展现创新中国文化的典范。"北京 8 分钟"的表演形式充满科技感，由演员和机器人共同完成。其中，熊猫是表演的主线，它带领观众在场内和场外、虚拟和现实之间穿梭，使整个表演更加现代和大气。最让人惊艳的是高科技和人工智能在大型表演中的完美结合，不论是首次应用在奥运赛场上的"冰屏"机器人，还是轮滑演员身上所穿着的石墨烯防寒服装，以及完美操控整场演出的控制系统，都代表了中国在高科技领域取得的成果。在演出筹备上，"北京 8 分钟"摒弃了"人海战术"，用更为精简的演员阵容，搭配中国最先进的高科技和人工智能，给世界展现出另一个不同的"北京 8 分钟"。以这次新技术中最为突出的可移动装置平台为例，这种技术之前主要用于工业，包括汽车生产线和物流的设备，而将它使用在文艺演出中，"北京 8 分钟"是全世界的首例。在展现中国翻天覆地的科技巨变的同时，彰显东方文明大国的文化自信也是必不可少的环节。在"冰屏"的中国元素展示中，在现场轮滑表演演员以及灯光变换时，可以看到中国龙、凤凰、长城、京剧演员等中国传统意象和文化元素，也能看到一张张年轻的中国面孔带着热情和真诚，邀请来自世界各国的朋友相聚北京。这种传统和现代的结合，年轻和古老的对比，更能映衬出一个文明古国的现代活力，也是最好的文化自信的表现。

2. 基于 MOOC 的文化推广

MOOC 即"慕课"，其所持信念是"将世界上最优质的教育资源，送达地球最偏远角落"。其所提倡的开放、共享、平等、易于获取等理念与现代图书馆精神完全一致。从字面上来阐释，MOOC 的英文全称为 Massive Open Online Course，揭示了它最基本的特征：大规模、开放、在线、课程。其中，大规模是指用户的大规模参与，注册人数没有限制，以及用户数据的大规模分析；开放是指访问权限方面几乎没有任何限制，不分地域，不分种族，不分肤色，不分年龄、性别，都可以访问课程资源，而且通常是免费的；在线是指学习的内容基于线上的分享和参与，从课件到习题，不同阶段的考试都通过线上完成，非常便捷，学习成本较低，只要有网络有终端设备即可完成；课程是指在某研究领域中的围绕一系列学习目标的结构化内容，学习的内容是系统化的知识体系，不是零散的个人观点分享，而是按照知识获取的规律设计的学习课件和习题，旨在通过线上的全流程跟踪使得学生掌握该研究领域的核心内容，并能通过收集学生的学习效果，反馈指导课程设计的完善提升，不断迭代推出适应线上学习的更佳课程。归纳起来，精品资源、开放访问、大规模参与、大数据分析、全球协作已成为MOOC的"文化标签"。MOOC体现着技术和文化的融合正围绕着数字化学习创造出新的能量。MOOC技术主要包括高质量的编目视频、数据采集与分析、带有社交功能的授递平台，这种基于网络的教学相比过去更加有效、更具规模。从文化角度来看，MOOC秉承一种基于网络的交流、协作和知识发现的学习文化。可以说，MOOC既代表着一种新型技术系统，也蕴含着一种新型的教学范式。

2015年4月23日第20个世界读书日之际，国家图书馆推出国家级公共开放课程平台"国图公开课"。"国图公开课"致力于为社会公众提供成体系的国民通识教育课程，鼓励高尚精神追求，引导正确舆论导向，以传承并弘扬中华优秀传统文化、塑造社会主义核心价值观为重心，以服务国家战略、提高公众生活品质为主线，加强对优秀传统文化思想价值的挖掘，梳理和萃取中华文化中的思想精华，以通俗易懂的表达形式，赋予其新的时代内涵，为人们的终身学习和全面发展提供丰富的国家级开放课程资源。

截至2022年上半年，"国图公开课"已经初步形成了较为完善的精品课程体系，内容涉及经典阅读、历史文化、抗战史实、非物质文化遗产保护、音乐欣赏、儿童教育、休闲生活等多个专题领域，共上线两千多场精品讲座。其中，国家图书馆结合传统文化传承、"一带一路"倡议和纪念抗日战争暨世界反法西斯战争胜利70周年等重点和热点领域，策划了"汉字与中华文化""丝绸之路与丝路之绸""天地同和道法自然——论古琴的文化精神""中国的对日战争与日本的战后处理""昆曲""中国大发明"等6门精品课程，已制作完成36讲，发布上线19讲。"国图公开课"自上线服务以来，不断拓展线上线下多种服务形式，已初步形成了覆盖全媒体、多终端的服务网络。

为扩大"国图公开课"的社会影响，吸引更多社会公众走进公开课课堂，国家图书馆调动各方面资源，进行全方位的宣传推广，成效显著。2019年，"国图公开课"日均访问量超过21万人次[①]。国家图书馆向全国各级公共图书馆提供"国图公开课"共享服务，同时将部分课程视频通过镜像形式提供给黑

---

① 蔡达峰. 全国人民代表大会常务委员会执法检查组关于检查《中华人民共和国公共文化服务保障法》实施情况的报告[EB/OL].[2020-12-23]. http://www.npc.gov.cn/npc/c30834/202012/7ed12481a99c43d985edd1bca34c2afd.shtml.

龙江、江苏、福建、安徽、四川、贵州等省的 10 家省级图书馆，并通过这些图书馆向当地公众提供服务。同时，国家图书馆与传统媒体、网络媒体开展广泛合作，加大"国图公开课"的宣传推广力度。国家图书馆先后与中国国际广播电台互联网电视、中国网、优酷网、北京人民广播电台达成合作意向，长期播出"国图公开课"的专题课程和读书推荐节目。国家图书馆通过在重大节日、重要纪念日举办特别活动，扩大"国图公开课"的社会关注度和影响力。例如，在 2015 年 4 月 23 日世界读书日之际，"国图公开课"特别邀请著名天文学家、科普作家卜毓麟先生和哲学家、作家周国平先生分别作了题为"阅读与科学"和"阅读与生活"的精彩演讲，社会反响热烈。在抗日战争胜利 70 周年之际，"国图公开课"开办抗战主题课程，并首次尝试举办媒体开放日，有 60 多家媒体对开放日进行了报道或转载，国际广播电台还将其以日语、意大利语和越南语对外播出。

二、文化的新展示与新表达——智能机器人

"图书馆机器人"是对应用于智慧图书馆管理和服务的机器人技术的统称，涉及路径规划、机器人导航与定位、图书定位、机械手设计、人工智能、自然语言处理、人机交互等方面的技术。机器人技术能够应用于图书搬运、图书盘点、图书自动存取、图书扫描、智能咨询、远程阅览、特殊人群服务等，实现图书馆的建筑智慧化、管理智慧化和服务智慧化[1]，成为一种新的文化展示、表达方式。

清华大学图书馆的智能聊天机器人"小图"自 2010 年底试运行以来，受到业界和社会的很大关注，其他图书馆迅速跟进并推出类似的机器人服务。"小图"尝试将人工智能引入图书馆咨询服务系统，其实现过程利用了目前被广泛使用的多项计算机技术，并在此基础上对现有的图书馆资源、可信第三方资源、优质网络资源加以组织、整理、整合和利用，形成了一种全新的服务。移动端的"小图"App 最大的特色是支持自动语音识别。自动语音识别技术需要让设备能够"听懂"人类的语音，将语音中包含的文字信息"提取"

---

① 樊慧丽,邵波.国内外图书馆机器人的研究应用现状与思考[J].图书馆杂志,2017（6）:88-94.

出来。"小图"的语音识别技术借助于科大讯飞的框架。"小图"App考虑移动端用户的使用习惯,在设计时尽可能采用用户友好的方式,在细节方面也尽量做到精益求精。例如,将相应功能以功能菜单和按钮方式展现,更方便用户操作;在界面设计方面模仿微信,降低用户的上手难度。菜单的图标被设计成统一的样式,保持"小图"风格一致。菜单项的操作流程也很人性化,简单便捷。在"小图"的功能性需求之外,还设置有个性化和娱乐功能,比如:用户可以设置自己的头像,在"小图"中配置了富有情趣的动画和个性化说明,增加应用的趣味性;聊天内容中包含较为丰富的网络流行语和用户教学内容[①]。

在公共图书馆服务领域,深圳图书馆于2014年10月推出实时咨询机器人"小图丁",通过调用图书馆预设的知识库为用户提供实时咨询服务。知识库作为图书馆智能咨询系统的重要组成部分,是咨询机器人强大的智力后盾。"小图丁"工作时,用户点击实时咨询图标,若无工作人员值守则会自动进入智能机器人模式。机器人接收到用户提出的问题后,对其进行语义解析,并在知识库中进行检索,如果检索到结果就将其反馈给用户,否则可以让用户提供留言,待有人值守时给予解答。试运行的半年期间,"小图丁"接待用户咨询2308次,占实时在线咨询总量的29.1%。实时咨询机器人的应用将咨询馆员从对常规问题的重复性解答工作中解放出来,大大提高了咨询服务的效率,丰富了用户体验[②]。

图书管理时,如何高效且经常进行图书盘点,及时更新图书位置信息,准确知道每一本书的位置,是我们需要讨论和解决的问题。将智能机器人技术引入图书盘点管理,能够有效解决图书盘点中出现的问题,提高读者找书的成功率。南京大学通过馆系合作的方式自主研发了基于超高频RFID技术的智能图书盘点机器人系统,实现图书盘点工作的智能化和常态化。超高频RFID技术可以随时追踪到书架上每一本贴有RFID标签的图书,获取每一层图书的排列顺序,便于盘点机器人准确获取图书信息和图书定位。在导航定位方面,智能

---

① 姚飞,张成昱,陈武.清华智能聊天机器人"小图"的移动应用[J].现代图书情报技术,2014(7/8):120-126.

② 王艳.IM咨询机器人在公共图书馆的实现与应用——以深圳图书馆为例[J].数字图书馆论坛,2015(5):42-46.

图书盘点机器人可以利用激光导航传感器实现更加精确的定位导航，不需要改变现有的图书馆环境。智能图书盘点机器人借助激光导航传感器进行定位并自动规划最优路径，从当前位置出发前往需要进行图书盘点的书架，在行进过程中完成图书盘点任务。南京大学图书馆的智能图书盘点实践表明，与传统图书盘点方式相比较，智能机器人图书盘点在盘点成本、盘点效率和准确率、盘点工作的常态化、创新服务等方面都具有一定的优势①。

机器人在博物馆的展陈与讲解中有着良好的发展前景。目前，博物馆的机器人应用实践还处于起步阶段。从 2016 年开始，广东、浙江、四川、北京的个别博物馆已经开始"尝鲜"，在西汉南越王博物馆、金华市博物馆、乐山大佛博物馆、中国印刷博物馆等，智能机器人讲解员已陆续"上岗"，它们不光能讲解、对话、指路，还会"打个招呼，唱个歌，跳个舞，偶尔撒个娇"②。2018 年 11 月，由百度公司研发的"小度"机器人正式"入职"湖南省博物馆，成为开放接待部的一员，为游客提供博物馆导览、文物介绍等服务③。博物馆机器人集引导、讲解、自主语音、人机交互等功能于一体，能自由行进，方便实用。机器人技术的应用能够有效提升博物馆的信息化水平，提高观众参与度，提升博物馆的吸引力，在解放人力成本的同时极大提升用户体验。

三、智能移动终端的应用与推广

当前，媒体传播平台向小型化、智能化、个性化方向发展，智能手机、平板电脑、车载智能终端、可穿戴设备、智能化家庭设备等在我国得到迅速发展与普及。基于多种智能化设备的 App 越来越丰富，成为目前移动互联网主流的内容传播与推广方式。越来越多的开发者开始借助智能手机这一时尚而先进的传播渠道，对传统文化内容进行重新包装和展示，这一趋势对中华优秀传统

---

① 樊慧丽,邵波.智能机器人图书盘点创新实践与思考——以南京大学图书馆为例[J].图书馆,2018(9):96-100.

② 多馆"尝鲜"机器人进博物馆,"讲解员下岗论"Too young Too early![EB/OL].[2019-08-08]. http://dy.163.com/v2/article/detail/DSL3NT1J0514DNA8.html.

③ 肖春芳.机器人"入职"湖南省博物馆,"AI博物馆"正式落地[EB/OL].[2019-08-08]. http://tech.gmw.cn/2018-11/30/content_32074549.htm.

文化的发展与传承具有重要意义。

故宫博物院于 2015 年推出 App"每日故宫",依托移动互联网平台向受众进行艺术品的展示。"每日故宫"每天展出一款艺术作品,其中文字介绍非常少,旨在给受众留出较大的思考和欣赏空间。受众主要依赖视觉接收其中的信息,而信息的投射依靠屏幕来完成,从屏幕到视觉接受,这个传播过程不同于传统的静态、定向的信息传播。"每日故宫"传播内容最大的特点是其对展品的展示采取一日一款、一日一推的方式,并不十分复杂,非常适宜现代人碎片化阅读的习惯。它一日推送一款展品的设计,为受众提前筛选出了值得当日欣赏的艺术品,相比于耗费时间无目的性的游览方式更符合快节奏的都市生活,满足了现代人希望利用碎片时间获得知识的阅读心理[①]。

除了艺术品推介,故宫还研发了多款 App 对文物进行数字展示。2014 年推出的"紫禁城祥瑞"App 的主体界面被设计为一个交互画卷,设计师以图片、声音、动画等形式来介绍故宫文物中出现的龙、凤、麒麟、仙鹤、白虎等祥瑞神兽。在图文交互的基础展示功能上,研发人员还设计了拼图游戏,让用户自由组合眼睛、嘴巴、犄角、鳞片等元素,完成自定义的神兽造型,加深对祥瑞神兽的印象。故宫研发的"榫卯"App,其核心功能是使用可交互的三维模型来展示古代家具中的榫卯结构,让这一抽象和复杂的传统木匠技艺得以清晰展现。用户通过双击屏幕就可以控制榫卯结构之间的开合动画,生动形象。同时,设计师还使用图文结合的方式来介绍中国古典家具常使用的木料的类型和特点,并通过动态长卷的形式来展示木匠传统工具的发展和演化过程。"韩熙载夜宴图"App 完整地展现了这一同名作品,用户可通过触控拖拽来完整地欣赏这一传世画作。这款产品的核心功能是探索:指尖长时间按压屏幕,会进入一个比较暗的画面,指尖处出现一缕烛光,用户可移动手指控制烛光来照亮画面的某一区域,对画作进行"秉烛夜观"。被照亮的画面内容,搭配视频、文字注释、特殊音效等,展现古代文人的日常生活。"卜石"App 的交互设计包含了图文、音乐、语音等,结合了三维场景、道具的互动展示,从多个方面介绍了玉石的科普知识。这款产品在三维场景设计、材质动画的视觉呈现效果

---

① 宋竹芸.浅析《每日故宫》APP 的媒介传播特色[J].大众文艺,2016(3):180.

方面比较突出①。"皇帝的一天"是故宫官方出品的一款儿童类博物馆App，其以活泼的手绘画风、卡通化的人物、有趣的背景故事、12 个时辰的时间线索，还原昔日皇城生活，引领儿童走进清代故宫，了解皇帝一天的衣食起居、办公与娱乐，以此了解我国传统文化。这款 App 趣味性强，在情节设置中引入了多种游戏元素，对孩子具有很大的吸引力②。

目前，微信已成为除 QQ、微博之外最大的用户交互平台，具有广泛的社会影响力。微信之所以备受青睐，与其互动性强、使用方便等特点密不可分③。为了更好地为读者服务，国家图书馆自 2006 年起先后建设了短彩信服务、WAP 手机网站、手机 App 客户端、微博、微信、移动阅读平台等移动服务项目。其中，微信服务自 2014 年开始建设，用户使用量大，发展迅速。截至 2016 年 10 月，根据实际工作需求，国家图书馆基于微信公众服务平台开通了"国家图书馆""数字图书馆推广工程""掌上国图""典籍博物馆""国图少儿馆"等 10 余个微信公众号，每个微信公众号都有自己的特色内容、服务范围及固定关注人群，在读者服务过程中发挥了重要作用④。如今，各图书馆基本都已开通微信公众号，利用微信实现与图书馆业务的系统对接，为用户提供基于微信的馆藏书刊查询、借阅记录查询、书刊续借、活动预约报名及读者荐书等服务。微信定制菜单可以简明呈现图书馆的服务功能，方便用户通过移动端操作，节省用户到馆办理的时间⑤。

四、智慧文化场馆的规划与建设

智慧博物馆的概念是 2008 年 11 月 IBM 总裁兼首席执行官萨缪尔·帕米沙诺（Samuel Palmisano）提出的"智慧地球"概念以及 2009 年国内提出的"感知中国"概念在文博领域的具体延伸。它是 IT 技术与实体博物馆碰

---

① 张若宸.智能移动端传统文化主题的数字展示研究[J].艺术科技,2017(5):81.

② 张文娟.博物馆APP中游戏元素与教育学、传播学的结合[J].自然科学博物馆研究,2016(2):52-57.

③ 赵冉.图书馆微信应用初探[J].图书馆工作与研究,2015(S1):29-31.

④ 苏明忠.图书馆微信公众服务平台的建设与研究[J].河南图书馆学刊,2017(6):133-135.

⑤ 张晨.全民阅读环境下公共图书馆微信推送服务探析——以天津图书馆为例[J].图书馆工作与研究,2019(S1):156-159.

撞，特别是云计算、物联网等技术在博物馆运行中的运用，在人性化的设计与服务理念中得到深入发展。换言之，它是在实体博物馆、数字博物馆概念的基础之上，向受众提供菜单式服务而发展起来的新生事物。它强调的是根据受众的需求，借助科技的力量，提供更好的、受众满意度更高的文化、知识服务[①]。

我国文博领域已有诸多研究成果对智慧场馆的建构、功能、服务、技术等方面进行了探讨。在具体建设实践上，已有图书馆和博物馆开始尝试采用智慧理念对传统场馆进行改造和建设。目前，这些智慧文化场馆的建设处于初步发展阶段，较多关注的是物联网、智能化应用、沉浸式体验等方面，这些实践对探索建设具有真正意义的智慧文化场馆具有重要的参考价值。

1.上海博物馆

上海博物馆自2000年开始进入数字化建设全面发展时期，官方网站的设立、藏品数据库的建成，以及陈列展厅内具有创意性的数字展示装置的设置等工作在业内处于领先水平。在智慧场馆建设方面，上海博物馆依据数字技术发展趋势和自身业务需求，从以下几方面布局智慧建设，并取得了若干成就[②]。

（1）大数据管理和应用

上海博物馆从2015年开始开发自己的可视化数据管理中心。数据中心以博物馆观众服务和专业研究为导向，以统一的数据资源为内核，聚焦互联网入口、移动互联入口、现场服务入口及馆内局域网入口，初步建立起博物馆核心数据资源支撑平台。该项目的数据涵盖展馆、展览、藏品、观众等核心指标，描述博物馆信息资源及其载体，构建、挖掘、分析呈现信息资源及核心指标之间的联系，及时、准确、全面、综合地反映了博物馆的实时运行状况。该项目还能提供个性化的观众分析报告、藏品统计报告、网站访问报告、设备运行报告等新服务。

（2）资源数字化加工

配合全国第一次移动文物普查项目，上海博物馆加大了原有文物数据特别

① 龙亚萍.智慧博物馆视域下博物馆科研管理现状与发展路径研究——以成都杜甫草堂博物馆为例[J].四川文化产业职业学院学报,2018(1):6-9.
② 刘健.智慧博物馆路向何方？——以上海博物馆的数字化建设实践为例[J].上海艺术评论,2016(12):20-22.

是图像数据的采集力度，目前已基本实现了全部等级品的基础数据和一、二级品的图像数据的完整采集和录入。目前，20 多万页的古籍图书、6 万页碑帖资源已被成功数字化，同时还建立了相关的数据库。这些藏品基础数据采集的完成，为今后博物馆数字化的各方面的应用提供了更大的空间，也为博物馆藏品数字资源的进一步向社会开放打下了坚实的基础。

（3）新媒体应用

上海博物馆在网站成功改版的基础上，通过大堂多媒体发布系统及微信公众号，初步打通了传统互联网和移动互联两个网络平台。后续着手各种 App 的开发，逐步构建起一个内容丰富、格调高雅、传播快捷的数字化传播体系。

（4）智慧化服务

上海博物馆从 2015 年开始建设移动端的陈列导览系统，目前已基本完成青铜、雕塑和家具陈列馆的开发。这套系统利用移动互联网、WiFi 定位、新媒体等先进技术，融合线上和现场服务，在移动终端上实现导览、实时定位、解说、交流等多种功能，为观众的自主性学习提供了更好的空间和更多的乐趣。该系统还针对场内和场外观众的不同需求，设置了场内场外两套服务模式，为观众提供精准服务。

2. 国家典籍博物馆

国家典籍博物馆基于物联网技术开发了智能导览装置，免费提供给观众使用。这种智能导览装置不同于传统的需要输入代码的导览机或者需要扫码的微信导览装置。它们全部基于主动 RFID 技术，每个导览机终端都内置了典籍博物馆各个展厅的地图，存储了重要展品的信息。典籍博物馆展厅内的重要文物或者通道入口等位置都设置有主动 RFID 信标。观众可以手持智能导览机，通过触控导览机的屏幕，以音视频等形式了解不同展厅的陈展内容及重要文物，然后根据自己的兴趣选择去观看哪个展览或者去了解哪件文物。当观众提出想去看哪件文物的时候，智能导览机就会依据最近的几个 RFID 信标位置，获知自己当前的位置，计算出从当前位置到达目标文物所在位置的路线，并且在观众按照路线移动的时候还可以实时进行路线修正。在观众到达目标文物后，智能导览机会根据文物的主动 RFID 信标信号，播放事先录制好的对应文物的音视频信息。这种智能导览机的管理系统，还会对观众的类似需求进行分析汇总，形成大数据。典籍博物馆的管理者可以对这些数据分类，从而了解到哪个展览观众最喜爱观看，哪件文物最受观众欢迎，哪条路线经过的观众最多。这些数据信息将成为博物馆的策展团队日后策展的参考依据，以便于筹备更加符合观众需求的展览，讲好文物的故事，更高效地传播传统文化。

3. 腾讯博物官

作为腾讯文化艺术类产品，腾讯博物官从 2018 国际博物馆日开始与河北博物院、秦始皇帝陵博物院、山西博物院、广东省博物馆、浙江省博物馆以及敦煌市博物馆联合打造博物馆智能导览服务，赋予博物馆全新的表现形式。在智慧文博领域，腾讯博物官已在场馆地图、扫描识别、展览导览、智能语音等模块为各大博物馆提供技术服务。腾讯博物官依托自主研发的 AI 技术，为博物馆提供了一种全新的智能导览方式。观众可使用"博物官"小程序快速获得对应文物的数字信息，如多角度高清图片、3D 模型、VR 全景等。"博物官"也可向文化艺术机构提供包括场馆地图、扫描识别、展览导览、智能互动语音等在内的多项服务，通过 AI 技术打造强互动体验性的观展体验。

2018 年 5 月 18 日，国际博物馆日中国主会场活动在上海历史博物馆举行，由国家文物局和上海市人民政府共同主办。从该日开始，腾讯博物官正式入驻秦始皇帝陵博物院，为参观兵马俑的观众提供完整的智慧互动导览服务。观众可以用"博物官"小程序拍照识别铜车马一号和二号，通过手机便可以"把玩"铜车马，同时获取有趣的解读。博物官相比同类导览系统具备了更完善、更人性化的功能：不需要安装 App，观众使用门槛为零；支持扫展品观展，扫一扫就能得到展品的全方位解读；拥有语音导览功能，可以边走边听边观展；拥有强互动性，可以随时随地查看展品高清模型、全景、增强现实特效及观众对展品的讨论评价等；能够生成精美展签分享到朋友圈；依托微信小程序入口，使用更加方便快捷。此外，观展爱好者还能根据地理位置，在"发现"中得到附近最新的展览推荐，不错过任何一场精彩展览。在数字博物馆中，博物官从感觉、听觉、触觉的角度使文物可观、可鉴、可触、可知、可玩，还原文物在历史中的鲜活与生动 ①。

---

① 牛瑞.腾讯博物官用数字力量助力智慧博物馆发展[J].计算机与网络,2018（6）:11.

第四节　数字文化资源的开发与应用现状

一、公共数字文化资源整合

在数字化、网络化环境下，公共图书馆、博物馆、文化馆等公共文化服务机构应不断提高资源建设的数字化水平，通过资源整合构建公共数字文化资源集成服务系统，提高公共数字文化服务的效能。公共数字文化资源整合中的信息组织就是寻找针对异构数字对象的加工、整理、排列、组合的有效方法，将这些看似不相关的信息资源加工融合成一个完整的信息集合体，实现文化资源的"一站式"查找与获取①。

1. 国家公共文化云

2017 年 11 月 29 日，国家公共文化云在 2017 年中国文化馆年会期间正式开通。国家公共文化云是统筹整合全国文化信息资源共享工程、数字图书馆推广工程、公共电子阅览室建设计划而升级推出的公共数字文化服务总平台、主阵地，包括网站、微信公众号、移动客户端，突出手机端服务功能定制，具有共享直播、资源点播、活动预约、场馆导航、服务点单、特色应用、大数据分析等核心功能，通过网页、移动客户端、微信公众号、公共文化一体机等平台提供服务②。

2. 客家古民居数字记忆工程

广东省梅州市是国家历史文化名城，素有"世界客都"之称。2016 年，客家古民居数字记忆工程启动，工程旨在用数字技术留存建筑历史集体记忆，与世界分享灿烂的客家古民居文化。嘉应学院图书馆选择典型的古民居建筑以及具有代表性的古村落为资源建设对象，从不同视角拍摄建筑物局部特征，并录制相关专题视频素材进行资源采集。平台首期资源建设包括 162 小时的专题视频，147GB 的图片，并收集、整理相关文字约 36 万字，建设以高清图片为

---

① 田蓉,唐义.国外公共数字文化资源整合中的资源组织方式研究[J].情报资料工作,2016(6):68-74.

② 国家图书馆研究院.国家公共文化云正式开通[J].国家图书馆学刊,2018(1):47.

主、辅以视频资料与文本的多媒体数据库。特色数据库依据古民居的建筑风格与艺术特征进行专题建设。元数据模型紧紧围绕对象属性描述、内容特征反映、资源关联信息三大核心体系进行科学设置，共设置15类规范化主题元素，扩展限定性修饰语多达38项。主题元素与VRACore、DC、CDWA国际元数据标准之间均建立了明确的映射关系。为帮助用户获取专题资源，平台在设置基本资源库与辅助管理数据库的基础上，详析客家古民居建筑特征及所体现的艺术文化，构建资源主题分类体系。主题分类紧密结合建筑学知识以及地区资源特点进行细致分类，类名设置通俗易懂，易于用户接受和理解。网站建设有"专题展厅""魅力客家民居""记忆围龙屋"等形式多样的栏目，以多媒体形式展示客家古民居的魅力[1]。

3. "广州记忆"

"广州记忆"网站于2012年底正式开通，向社会免费提供可公开的数字文献资源。其建设目标是收集广州文献遗产，保护羊城人的集体记忆，建成公众认识、了解广州的一条捷径。网站现已设立"城市变迁""重大事件""历史名人""广府文化""历史典故""影像记忆"等栏目，还建立了"数字文献资源库目录""政府信息公开文库""资料上传""数字文献征集""寻找老照片的记忆"等信息检索和公众网上互动专栏[2]。

二、文化大数据分析与应用

文化大数据指对各类物质文化和非物质文化进行数字化采集，得到可用于识别和展现文化的图片、文字、声音、影像、三维全景、三维模型等。

在当今世界，随着数字化和网络化技术的日益发展，多媒体成为互联网信息传送数据的重要组成部分，产生了海量图片、视频、音频等不同类型和载体的多媒体信息，使得传统的文本检索不再适用于这种量大、难以描述和非结构化的信息搜索。在这种背景下，人们开始着力于多媒体数据检索技术的研发，能快速准确定位用户需求的多媒体信息技术与系统研究应运而生，并取得一定

---

① 李建伟.特色文化资源信息组织方法与数据共享模型研究——以"世界客都"古民居数字记忆工程为例[J].图书馆杂志,2017(9):39-44.

② 沈妍,肖希明.我国公共数字文化资源整合现状与实现条件——对几个典型项目的剖析[J].图书馆,2015(9):6-10.

成果^①。

在图像检索方面，基于文本的图像检索需要人工对图像的标题、作者等相关信息进行标注，从而将视觉信息转换成文本信息以用于检索。目前，国内外的主流搜索引擎如谷歌、雅虎、必应、百度等在进行图像检索时主要仍采用基于文本的检索方式。虽然这种方法简单直观，符合人们对图像语义的理解，但是，人工标注具有一定的主观性，不能全面满足人们的需求。基于内容的图像检索（Content-Bnsed Image Retrieval，CBIR）成为目前图像检索的主要发展方向。

在视频检索方面，国际上已经把视频内容检索技术作为研究重点，也研发出多个基于内容的视频检索系统，如美国麻省理工学院媒体实验室研发的照片书（Photo Book）系统能够实现基于基本的视觉特征的视频检索，此外还有IBM 公司的图像内容信息（Query By Image Content，QBIC）系统、美国哥伦比亚大学的 VisualSEEK 系统^②。国内清华大学开发的视频节目管理系统 TV-FI（Tsinghua Video Find It）可以实现视频数据入库和基于内容的浏览、检索等。中国科学院计算机研究数字化技术研究室开发的 iVideo 视频检索系统是基于J2EE 平台进行架构的，具有视频分析、内容管理、基于 Web 的检索和浏览等功能^③。

关联开放数据（linked open data）是计算机科学与图书情报领域近年兴起的研究热点，其优势在于能够从元数据层面实现资源的语义深层次序化与关联，实现分散、异构、跨界数字文化资源之间开放的语义互联。欧洲数字图书馆（Europeana）是当前国外发展较成熟的数字文化资源整合实践项目。它在实现跨机构、跨领域数字文化资源融合中采用的关联开放数据方法已经取得较好的应用成效^④。近年来，关联数据在国内数字文化资源整合领域得到广泛应用，研究成果多是从理论层面探讨关联数据在数字资源整合中的具体应用。在实践应用层面，欧石燕等于 2014 年提出了一个本体与关联数据相结合的图书

①　陈珊.国内多媒体信息检索研究进展[J].清远职业技术学院学报,2013(1):69-73.

②　路程.视频内容检索技术概述[J].山西科技,2018(2):56-58.

③　王瑞玉,张阳,李坤.基于内容的多媒体信息检索[J].新媒体,2015(6):49-54.

④　王萍,黄新平.基于关联开放数据的数字文化资源语义融合方法研究——欧洲数字图书馆案例分析[J].图书情报工作,2016(12):29-37.

馆信息资源语义整合框架，并依据此框架设计和实现了一个资源整合演示系统①。该研究是国内将关联数据应用于文化遗产领域资源整合的最早实践研究之一。2015年，由上海图书馆与上海科学技术情报研究所两个机构共同开发的上海图书馆开放数据平台通过互联网公开发布了各种术语词表、规范档、书目数据等开放关联数据集，在国内率先推出了基于关联开放数据的数字人文服务②。目前，关联数据技术已经在机构知识库建设、馆藏资源知识组织和知识发现系统建设中得到广泛应用。

文化大数据将是未来文化创新发展的最重要的变革技术之一。根据《国务院关于印发促进大数据发展行动纲要的通知》所传达的文件精神，文化领域要加快促进文化大数据的发展，充分利用文化大数据的资源与技术优势，为国家文化创新产业的大力发展，为大众创业、万众创新的新形势提供资源与技术方面的支撑。近年来，国内很多政府和文化机构已开始在大数据战略上积极布局，特别是在顶层设计、数据驱动创新和共享服务等方面均作出了富有成效的实践。

表 3-1　我国文化大数据的发展规划和地区试点

年份	名称	负责机构	简介
2012	"云计算环境下智能化数字文化资源信息采集和资源整合及服务模式研究"项目	文化部全国文化信息资源建设管理中心、北京大学、中科院计算所	项目主要研究云计算环境下数字文化资源的整合方案、智能化数字资源采集技术及文化资源的新型服务模式，实现了对数字文化资源的全局化管理，提升了公共文化资源的云服务能力和水平[1]

① 欧石燕,胡珊,张帅.本体与关联数据驱动的图书馆信息资源语义整合方法及其测评[J].图书情报工作,2014(2):5-13.

② 上海图书馆开放数据平台[EB/OL].[2019-01-10].http://data.library.sh.cn/.

年份	名称	负责机构	简介
2017	中国文化大数据产业项目	中宣部、国家新闻出版广电总局、国家版权局、全国"扫黄打非"小组工作办公室	中国文化大数据产业项目是《国家"十三五"时期文化发展改革规划纲要》中的重大文化产业工程。项目相关的重大决策、规划、平台建设、技术开发等方案必须经过专家指导委员会进行专业评审、全面论证和监督指导[2]
2017	公共文化服务大数据应用文化部重点实验室	文化部全国公共文化发展中心、北京大学信息管理系	实验室针对大数据技术发展前沿和公共文化服务的需求,凝练科研目标,开展公共文化服务大数据应用的基础、共性、关键和前瞻性技术研究[3]
2017	全国公共文化服务大数据应用文化部重点实验室实践基地	文化部	该基地包括7家单位:成都市文化广电新闻出版局、上海图书馆、南京图书馆、宁波市文化局、中山市文化广电新闻出版局、福建省图书馆、重庆市文化委员会
2018	国家语言资源监测与研究少数民族语言中心蒙古文大数据研究基地	中央民族大学、内蒙古师范大学	该研究基地旨在加强蒙古文大数据产业领域的国际合作,构建"中国少数民族语言资源动态流通资料库"[4]
2018	"一带一路"民族文化大数据中心	国家信息中心、中央民族大学	根据合作协议,国家信息中心与中央民族大学联合创建"一带一路"民族文化大数据中心;共同推动中国"一带一路"网建设;开展智库建设和国际交流合作,服务数字丝绸之路建设;开展大数据人才联合培养和理论与技术创新研究;共同推动产学研用融合和产业孵化,合作参与南海大数据"一院一谷一中心"建设;等等[5]

续表

年份	名称	负责机构	简介
2016	国家级文化科技融合示范基地	贵阳国家高新区	该基地全力打造中关村贵阳科技园核心区、中国西部众创园、国家数字内容产业园、贵阳火炬软件园等文化大数据融合发展平台，实施了中华文化云、教育云、媒体云等一批文化装备、文化软件重点项目，并引进了一批文化科技企业[6]

[1]连晓芳.全面推进科技成果融入文化领域——国家文化科技提升计划实施6年圆满结项[EB/OL].[2021-08-08].http://www.cssn.cn/wh/wh_cysc/201701/t20170117_3387230.shtml.

[2]潘宣.中国文化大数据产业项目专家委员会成立[EB/OL].[2021-08-08].http://ent.rednet.cn/c/2017/07/27/4372880.htm.

[3]公共文化服务大数据应用文化部重点实验室启动会在京召开[EB/OL].[2021-08-08].http://www.ndcnc.gov.cn/gongcheng/shoujibao/201704/t20170418_1320311.htm.

[4]边辑.蒙古文大数据研究基地落户内蒙古师范大学[EB/OL].[2021-08-08].http://office.imnu.edu.cn/info/1117/1007.htm.

[5]向昌明."一带一路"民族文化大数据中心揭牌成立[EB/OL].[2021-08-08].http://news.sina.com.cn/o/2017-07-24/doc-ifyihmmm8346066.shtml.

[6]贵阳文化大数据:初步形成文化科技产业集群[EB/OL].[2021-08-08].http://www.hinews.cn/news/system/2016/12/30/030907736.shtml.

表 3-2　我国文化大数据平台建设和技术实践

年份	名称	负责机构	简介
2015	公共文化大数据平台的关键技术研究	国家文化科技提升计划项目	该项目针对公共文化领域大数据所涉及的媒体数据汇集、分布式存储、内容集成发布、数据挖掘分析等关键技术开展研究，建构了以数字转化加工、数字化传播、数字化管理为主要特征的大数据新媒体公共服务平台

年份	名称	负责机构	简介
2015	"一带一路"数据库	社会科学文献出版社	"一带一路"数据库以"一带一路"基础资料库、学术理论库、投资指南库为基本定位，设置七个二级子库，包括国别国家库、省域区域库、战略理论库、实践探索库、丝路指数库、丝路史话库及政策资讯库[1]
2017	国家公共文化云	文化部全国公共文化发展中心	国家公共文化云整合了全国公共数字文化资源和服务，老百姓可通过电脑、手机客户端实现文化类活动的共享直播、资源点播、活动预约等，从而更加便捷地享受公共文化服务
2016	"一带一路"大数据综合服务门户	国家信息中心	该网站是面向政府和社会的"一带一路"综合信息服务平台及相关互联网＋信息服务体系。信息、服务、合作是该网站的三大核心板块[2]
2016	文化上海云	上海市文广局	文化上海云是全国第一朵省级公共文化云。平台提供的大数据可显示不同区县、不同街镇、不同场馆的公共文化需求，让公共文化资源配送更加精准，从而更好地满足市民的需求[3]
2017	成都市公共文化服务大数据绩效管理平台	成都市文化广电新闻出版局	该平台分为数据分析、基础数据、评价数据、在线考核、分享交流五大功能板块，包含基础设施、文化活动、政策保障、经费保障、人员保障等五大数据指标，并分为市级总览及县、乡、村三级分别呈现，同时可借助成都市党媒新媒体 App"看度"作为数据源收集及效果宣传渠道[4]
2017	山西文化云	山西省文化厅	山西文化云是运用互联网、云计算、大数据等现代信息技术手段和传播方式，整合山西文化数字资源而建设的文化资源管理平台、文化公共服务平台、文化产业服务平台[5]

续表

年份	名称	负责机构	简介
2017	唐宋文学编年地图信息平台	武汉大学	该平台为武汉大学王兆鹏主持的国家社科基金重大项目建设成果。阅览者随意点开地图总览中的红点，便可看到哪些诗人、词人曾在此停留及其留下的篇章。从诗人列表点击诗人名字，便可看见其一生行迹的文字版和路线图，点击路线图中的任何一个地名，便能看到诗人在这里生活的时段及留下的作品[6]
2018	百姓文化云	河南省委宣传部、河南省文联、河南省文化厅	该平台整合了河南全省2200多个文化场馆、1000多个文化社团、文化活动、文化下乡、文化旅游等资源，让群众更方便、快捷地共知共享[7]
2018	文化云南云	云南省文化厅	该平台采用统一云平台整合汇集全省各地区、各单位公共文化服务资源，深入开发增量资源，将全省文化场馆资源整合在一起，用户只需通过手机平台进入云平台，即可访问全省各类文化场馆、文化活动、文化服务项目等[8]
2018	青城文化云——呼和浩特市公共文化大数据平台	呼和浩特市文化新闻出版广电局	该平台包含公共文化应用服务系统、大数据分析系统、开放共享系统、文化舆情分析系统，建设完成了"一平台、三服务"的全新模式，实现了文化信息资源共享，文化服务共建，满足了广大群众日益增长的精神文化需求[9]
2018	多彩贵州文化云	贵州省文化厅	该平台可进行全面、客观、准确的实时统计和智能分析，实时记录每场文化活动的参与人数、参与人群结构、场馆设施使用效率、场馆设施服务半径、群众评价等公共文化大数据。"多彩贵州文化云"大数据平台的智能分析可以促进文化服务内容的精准匹配、文化服务设施的合理配置、文化服务转型升级，全面提升文化管理机构的决策能力，推动贵州省文化服务整体效能提升[10]

续表

年份	名称	负责机构	简介
2017	文化新媒体大数据应用平台	网智天元、中国大数据产业生态联盟文化大数据专业委员会、中央文化管理干部学院	该平台旨在利用大数据技术与手段，采集、测评文化新媒体所发布的信息内容和社会反应。该平台通过对文化热点的追踪分析，研究判断当前文化发展趋势，为国家文化发展政策的制定、文化新媒体的建设、文化人才培训等提供数据支撑和辅助决策服务
2016	浙江省文化产业大数据服务平台	浙江省文化产业促进会、云朵网	该平台利用互联网、云计算、大数据等先进信息技术和管理模式，按照"政策引导、市场化运作、面向产业、服务企业、数据共享、注重实效"的原则，通过覆盖浙江省11个地级市，88个县（市、区），为当地文化产业主管部门、文化企业和第三方机构提供基于云计算的文化产业公共服务平台及一站式服务[11]
2017	苏州市文化消费大数据平台	苏州市文化广电新闻出版局	该平台以提高城乡居民整体文化消费水平为目的，本着"自愿、开放、便民、择优、共赢"原则，选择部分文化消费网点接入"苏州市文化消费大数据平台"，建成苏州市开展引导城乡居民扩大文化消费网络，服务城乡居民文化消费，提升城乡居民文化消费水平[12]
2018	江苏省公共图书馆大数据服务平台	江苏省文化和旅游厅	该平台可完成全省公共图书馆基本馆情数据、业务管理系统数据、数字资源服务数据以及公共数字文化工程数据的采集和整理工作，形成江苏省公共图书馆大数据服务中心，开展大数据分析，为全省各级文化主管部门和公共图书馆提供数据统计分析、可视化展示、应用接口和容灾备份等大数据服务[13]

续表

年份	名称	负责机构	简介
2015	湖湘地理云端数据库	湖南省委宣传部、湖南省委网信办、湖南省互联网信息办、湖南省文化厅	该数据库以可视化方式，结合地图对湖南的地理、风俗、旅游等信息综合展示，读者可进行互动操作[14]

[1]"一带一路"数据库[EB/OL]. [2021-08-08]. https://www.ydylcn.com/skwx_ydyl/sublibrary?SiteID=1&ID=8721.

[2]郑金武."一带一路"大数据综合服务门户网上线运行[EB/OL]. [2021-08-08]. http://news.sciencenet.cn/htmlnews/2016/2/339177.shtm.

[3]徐明徽.上海文化云,让公共文化资源配送更加精准[EB/OL]. [2021-08-08]. https://www.thepaper.cn/newsDetail_forward_1587580_1.

[4]公共文化服务大数据要这么干[EB/OL]. [2021-08-08]. http://www.sohu.com/a/134762001_478898.

[5]李尚鸿."山西文化云"上线　在这里,艺术节"永不落幕"[EB/OL]. [2021-08-08]. https://www.sohu.com/a/166097101_102825.

[6]王兆鹏.唐宋文学编年地图[EB/OL]. [2021-08-08]. https://sou-yun.cn/MPoetLifeMap.aspx.

[7]"百姓文化云"上线　文化活动尽在"掌"握[EB/OL]. [2019-08-08]. https://www.henan.gov.cn/2018/04-24/390174.html.

[8]刘晓.我省打造"文化云南云"平台[EB/OL]. [2021-08-08]. http://yndaily.yunnan.cn/html/2018-01/19/content_1199464.htm?div=-1.

[9]杨竣杰.呼和浩特"智游青城"公共服务平台上线运行[EB/OL]. [2021-08-08]. http://www.ctnews.com.cn/ggfw/content/2021-04/29/content_103174.html.

[10]王幸韬."多彩贵州文化云"正式上线　一部手机尽享贵州文化生活[EB/OL]. [2019-08-08]. http://www.gog.cn/zonghe/system/2018/05/28/016609465.shtml?from=singlemessage.

[11]浙江省文化产业大数据服务平台[EB/OL]. [2021-08-08]. http://www.zdool.com/zdweb/login.aspx.

[12]关于确定文化消费网点接入"苏州市文化消费大数据平台"参与文化消费试点工作的通知[EB/OL]. [2021-08-08]. http://www.suzhou.gov.cn/news/gsgg/201709/t20170913_906927.shtml.

[13]关于开展江苏省公共图书馆大数据服务平台建设的通知[EB/OL]. [2021-08-08]. http://wlt.jiangsu.gov.cn/art/2018/11/23/art_48959_7889457.html?from=groupmessage&isappinstalled=0.

[14]湖湘地理大美网络巡展[EB/OL]. [2021-08-08]. http://hxdl.voc.com.cn/.

第五节 新技术发展下文化资源的开发与应用现状

一、智慧服务的开发与实践

1. 人工智能技术

现代信息技术的发展使人类社会快速进入智能化、互联化时代。人工智能技术依托机器学习、自动推理、人机交互等技术重塑人类生产、生活和学习方式，对文化的传承保护、传播推广产生深远影响。目前，人工智能技术已开始在图书馆、博物馆等文博机构崭露头角，推动文化事业的转型升级和智慧化发展。

杭州图书馆在人工智能时代背景下，大力探索智慧文化服务及社会化合作新途径。该馆于 2016 年底与蚂蚁金服洽谈合作，引进智能咨询机器人项目。这种机器人依托大数据平台，凭借数据挖掘、语音转文本、自然语音处理、机器学习等前沿技术，打造出一套完整的智能服务体系。用户可以通过手机 App、扫描二维码、访问网址等多样化方式实时咨询。该设施以智能自助服务逐渐替代大部分人工服务，以智能引导、智能决策辅助人工服务，让用户能够随时随地享受到方便、快捷、贴心的个性化服务。杭州图书馆于 2016 年 11 月初开始洽谈、引进、调试人工智能咨询机器人，到 2017 年 6 月 26 日正式在微信公众号上推送智能咨询服务，并通过海报及阅览区进行推广。

武汉大学图书馆与百度公司正在合作共建人工智能图书馆，开发盘点机器人。该机器人不仅能将图书馆工作人员从一些机械化、重复性的繁重工作中解放出来，还可以通过文献位置的移动，获取其在馆内的使用情况数据。这种数据以往是难以获得的。结合这一借阅数据，图书馆就可以对文献的使用情况进行大数据分析，了解用户的需求以及文献的放置位置，对服务加以调整，从而实现真正意义上的有针对性的个性化服务[1]。

---

① 金赟.浅析人工智能高校图书馆对学习黏性的提升——从百度公司与武汉大学图书馆共建人工智能图书馆谈起[J].知识经济,2018(5):143-144.

2.智慧知识服务

信息技术和智能分析技术的发展使得文化机构的业务模式和服务形式发生了重大变革，提供知识服务的复合式服务逐步成为文化领域的主导方向。信息可视化作为将信息有效组织、分析、揭示的一种服务模式，已经成为当前情报分析和知识挖掘服务的一个热点，其主要目的是将信息形象直观化，科学地揭示知识、信息之间的直接关系与间接关系，使用户能够充分发挥自己的灵活性、创造力和想象力来搜寻信息，发掘信息资源的最大价值。中国科学院文献情报中心的钱力等人提出了信息可视化检索技术在数字图书馆中的应用，即从检索过程和检索结果两个角度，重新对数据信息进行组织、检索、分析与表示，形成一个交互性的立体式多维揭示平台。信息可视化检索主要体现在信息资源主题的可视化、数据库可视化、年代可视化和作者可视化四个部分。这一研究成果已经被应用到中国科学院文献情报中心的可视化跨库检索系统中，尤其在信息发现过程的交互性与探索性方面为科研人员知识发现提供了新的手段[①]。

由中国国家图书馆参与建设的世界数字图书馆在网站资源展示的可视化效果上已经形成了一定的影响力。它在馆藏揭示方式上，直观地提供给读者"时间线"和"互动式"地图两种较为通用的可视化选择。围绕"世界历史""中国书籍、手稿、地图和印刷品""欧洲的泥金装饰手抄本""美国历史"这四个分类的文献，网站分别给出时间轴和地域轴两种展示方式。以"时间线"为例，当选择"中国书籍、手稿、地图和印刷品"时，可以看到其下方的时间标尺；在时间标尺上网站对这一文献类型又进行了细分，分为"地图""手稿""图书""印刷品"。带有互动操作性的时间标尺加上图文，最大限度地简化了文献资源的检索过程，使用户对此类文献的收藏布局一目了然，也对相关历史发展进程有了直观的了解[②]。上海图书馆家谱知识库在揭示资源的文献特征及内容特征，以及在各数据实体之间建立起易被理解的关联关系并实现机器处理方面进行了突破性的探索和尝试。人们可以在该系统的试验网站中看到其

---

① 钱力,张智雄,邹益民,等.信息可视化检索在数字图书馆中的应用实践[J].现代图书情报技术,2012(4):74-78.

② 孙倩.浅谈信息可视化在国内外数字图书馆资源揭示中的应用进展[J].图书馆界,2017(2):53-57.

基于时间轴和地域轴的展示。在资源揭示上，该知识库还实现了部分宗谱文献的"迁徙图"和"世系表"两种脉络式的揭示方式。如"迁徙图"可以通过动态热力图，根据宗族迁徙的时间、目的地，计算出家族的迁徙路线及后代散居地，将家族迁徙的过程演示出来。这种方式有助于对宗族历史的深入发掘，跳出了对文献载体本身进行收藏和管理的资源服务范围，讲活了"故事"。

江汉大学图书馆采购了"智立方知识资源服务平台"，以提供高效检索、分面聚类、知识关联图谱、研究趋势分析等服务。该平台整合了期刊、学位论文、会议论文、专利、科技报告等十种类型文献的 2 亿余条元数据，文献覆盖国内学术界所产出的中文资源的 95%。华中科技大学和数据库商重庆维普合作开发的"机构知识库平台"更具量身定制的优势：该平台首页中不仅有华中科技大学近十年的发文图谱，还清晰列举了重点专家学者和院系科研统计结果，个人和机构的发文量、被引量和研究主题一目了然。华中科技大学机构知识库不仅能自动生成个人和学院的科研产出分析报告，还可导出下属学院的个人科研成果申报汇总表，为图书馆和科研处的年度统计工作节省了大量人力物力[1]。

2013 年 4 月，随着"平安故宫"工程的正式启动，"故宫数字沙盘"项目正式开启，分别由故宫博物院资信部和古建部进行两种不同技术路线的数据可视化平台建设实验。"故宫数字沙盘"作为故宫大数据可视化的主要形式，依托计算机图形图像技术，结合统计学及计算机和信息科学，将实际文物保护工作中形成的文化遗产数据进行可视化处理，建立起能够承担规划评估、方案演示、遗产监测、安防监控、公众参观服务等方面工作的综合性可视化工作平台，同时支持相关数据的后台存储和分析，对应多个数据库，将数据分析结果以可视化形式加以直观表现[2]。

---

① 魏炼.可视化技术在数字图书馆资源揭示中的应用——基于江汉大学图书馆的实践[J].科教导刊,2018(7):182-185.

② 黄墨樵.论大数据时代下文化遗产数据的可视化——以故宫数字沙盘为例[J].博物馆研究,2014(4):87-93.

二、文创及影音游戏产品

1. 文创开发设计

文化创意产品，简称"文创"，是各类文化单位单位依托馆藏文化资源和素材，通过创意转化、科技提升形成的各种形式的以中华优秀传统文化为核心内容的产品。

故宫博物院作为我国最大的古代文化艺术博物馆，是文创产品设计和营销方面的"领头羊"。故宫博物院院藏文物体系完备、涵盖古今、品质精良、品类丰富。现有藏品总量已达 180 余万件（套），以明清宫廷文物类藏品、古建类藏品、图书类藏品为主。其藏品共分 25 种大类别，其中一级藏品 8000 余件（套）。2008 年 12 月，"故宫淘宝"官方旗舰店在淘宝网开张。2013 年之后，故宫博物院的文创产品开始在网络上走红，文创产品收入连年走高，如：2017年，故宫文创部线下收入近 1 亿元，文创产品总销售收入为 1 亿 4 千万元左右。截至 2018 年 12 月，故宫博物院共计研发文创产品 27 个系列，将近一万两千个品种，其中很多都成为"爆款"产品，供不应求。时任故宫博物院院长单霁翔在接受采访时说，要让文物资源"活起来"，首先得用百姓喜闻乐见的方式做展示，使产品融入现代生活①。"故宫淘宝"做到了这一点，它的产品营销方式对许多博物馆具有很大的启示作用。

国家博物馆由原中国历史博物馆和革命博物馆合并组建而成，新馆于"十二五"之初建成并免费对社会开放，是一个集收藏、展览、研究、考古、公共教育、文化交流于一体的大型公益类博物馆。其文物资源包括自史前文化起的各个历史时期的传世品与考古发掘品，现有藏品 130 多万件。国家博物馆成立经营与开发部，坚持自主经营原则和"适应市场，引导消费"的开发理念，通过授权合作、联合开发等手段探索符合本馆特点的文化创意产业发展路径。截至 2017 年初，国家博物馆已拥有多个实体店（纪念品店、博文斋、名人名家店、国博茶艺馆等）和 10 多个销售点；设计开发的文创产品达 3000 余款，其中以国博文物藏品为元素开发的达到 600 多种，拥有自主设计版权的有

---

① 单霁翔谈故宫人才招募：要有择一业能终一生的精神［EB/OL］.［2021-03-14］. http://china.cnr.cn/yaowen/20170314/t20170314_523655361.shtml.

1800 余款，其中既包括稀世藏品的复制品，如"四羊方尊"茶叶罐、"东汉击鼓说唱陶俑"音箱、"杏林春燕图"手机壳等，也包括各类书签、钥匙链、纸胶带等日常生活用品。在做好馆内文创产品实体店销售的同时，文创团队又适时转变思路，借助社会资源和网络平台发展文创产业。2016 年 1 月，国家博物馆天猫旗舰店上线运营。随后，国家博物馆与阿里巴巴、上海自由贸易区、北京东方雍和国际版权交易中心签订战略合作协议，共同从全产业链视角打造"中国文博知识产权交易平台"。目前，国家博物馆已与佰草集、稻香村等 30多家企业授权合作，推出了逾百款产品[1]。

　　文化产业园区作为文化产业的集聚地，是文化产业发展的载体和平台，其在助力文化产业发展的同时使传统文化得到了继承和弘扬。杭州文创产业增加值在 2017 年已达该市 GDP 的 25%，其发展成果离不开杭州文创园区的发展。杭州文创园区依托的资源优势主要有三类：一是依托历史文化资源优势，如创意良渚基地依托良渚文化遗址，南宋御街中北创意街区依托南宋历史文化资源；二是依托高校人才资源优势，如之江文化创意园依托中国美术学院和浙江音乐学院的人才资源，杭州经济技术开发区大学科技园依托下沙大学城的高校资源；三是依托自然生态资源优势，如白马湖生态创意城、西溪创意园分别依托白马湖、西溪良好的生态环境优势。2002 年，LOFT49 作为杭州最早的创意产业园区诞生。此后，杭州的文创园区如雨后春笋般涌现。到 2016 年，杭州已建成 24 家市级文创园区、33 家市级文创楼宇，还认定了 10 个市级文创小镇培育对象[2]。

　　2017 年 1 月，文化部、国家文物局将 37 家公共图书馆纳入了全国文化创意产品开发试点单位。在此背景下，公共图书馆的文创产品开发研究如同雨后春笋，图书馆行业文创工作不断发展壮大。其中，国家图书馆充分发挥了模范带头的作用，不仅开发了以古籍为素材的特色产品，更与网络技术进行结合，开启了"国图旺店"模式。这一模式的开启，让图书馆文创行业在销售渠道模式上有了新的突破。四川省图书馆的"杜甫与熊猫"、湖南省图书馆的"陶童"

　　① 杨晓琳.新常态下博物馆文创授权研究——以中国国家博物馆为例[J].经济师,2017（7）:41-44.

　　② 杭州文创产业大风起：发展国际化之势渐猛[EB/OL].[2021-08-18].http://culture.people.com.cn/n1/2016/1031/c22219-28820360.html.

等一系列文化创意产品，堪称地域、馆藏特色与弘扬传统文化相结合的典范。

国家典籍博物馆开发的《积古图》复制品，采用最先进的手段对文物进行了扫描复制。其对于文物的扫描不像手机拍照那么简单，而且需要在全流程中采用色彩管理技术，这样才可以实现对文物无偏差的复制。其制作工艺上，首先要采用分光光度计对扫描设备、显示设备、输出设备进行各种精密调整，其次要控制非接触扫描的光源和输入光源等，最终才能复制出可以"乱真"的复制品。观众拿到了这种应用最先进技术手段复制的典籍文物复制品，就好像拿到了真的文物一般。

2. 动漫

2017 年 1 月 25 日发布并实施的《关于实施中华优秀传统文化传承发展工程的意见》中指出："实施中国经典民间故事动漫创作工程、中华文化电视传播工程，组织创作生产一批传承中华文化基因、具有大众亲和力的动画片、纪录片和节目栏目。"[①] 作为一种文化、科技和经济密切融合的新兴文化产业形式，动漫产业在创造巨大经济价值的同时，更蕴含着浓厚的人文气息，承载着独特的文化符号功能与社会价值取向。动漫作品以创意为核心，而文化则是创意的源头活水。中外动漫的许多经典之作的创意都源于本民族乃至其他民族的传统文化。

2017 年，中国动漫产业总产值突破 1600 亿元，其中相当一部分动漫作品及衍生品，正在让中华优秀传统文化"活起来"。早在数年前，故宫博物院官网就开始连载《故宫大冒险》系列动画。这部连载动画让那些与故宫建筑物相伴数百年的神兽塑像逐一"复活"，这些可爱的卡通形象令青少年十分喜爱。2019 年 9 月 26 日，故宫博物院与腾讯动漫、Next Idea 腾讯创新大赛合作的首部故宫主题连载漫画《故宫回声》完结篇正式上线，它以漫画的形式向年轻人讲述故宫文物南迁过程中的悲欢离合。《故宫回声》对于如何用符合时代需要的新的传播手段来让下一代更好地接受传统文化、同时向全世界传播中国传统文化，是一次相当成功的探索[②]。

---

① 中共中央办公厅　国务院办公厅印发《关于实施中华优秀传统文化传承发展工程的意见》[EB/OL].[2021-08-18].http://www.gov.cn/zhengce/2017-01/25/content_5163472.htm.

② 创新动漫《故宫回声》"唤醒"年轻人对故宫文脉的传承之魂[EB/OL].[2021-08-08].https://www.sohu.com/a/345571537_120298350.

动画电影《大圣归来》是经典小说《西游记》的现代转化。在美学风格和文化表意方面，《大圣归来》颇为多元化：一方面，它立足于中国传统文化，有效地化用了那些我们耳熟能详的中华文化符号；另一方面，它借鉴美系、日系动漫风格，将两种风格融合，既有美系动漫的英雄式人物（如大圣形象），也有日系动漫的人情味塑造（如江流儿、土地公、山妖等）。这两种风格给影片带来一种刚柔并济、张弛有度的戏剧性效果。《大圣归来》创造了动画电影9. 56亿元的最终票房，其巨大的成功还得益于对网络媒体的充分利用。《大圣归来》采用"互联网+"的众筹模式，影片出品人在朋友圈发起众筹，成功获得所需资金①。"互联网+"让"口碑"成为影片推广的新渠道，完成了从粉丝群、业内人士到普通受众的扩散，这对中国电影传统"产供销"体系的冲击是革命性的。

《秦时明月》系列动画改编自已故香港武侠小说家温世仁先生的同名系列小说作品，是中国首部3D武侠动画。从2007年《秦时明月之百步飞剑》作为贺岁剧在中央电视台一套播出开始，该系列作品就收获了无数好评，至今已连载至第五部《秦时明月之君临天下》。该系列动画由于在故事情节上摆脱了以往中国动画"以动物作为主角""只知说教"的刻板印象，引起了广大动画爱好者的关注，是中国人气最高的原创动画作品之一。凭借浓郁的"中国风"、细腻的画面、唯美的造型设计和深厚的历史文化底蕴，《秦时明月》系列动画吸引了无数观众。可以说，《秦时明月》系列动画把传统文化的元素运用到了极致，呈现在每一个细节中，传承了中国古典文化的精髓，让观众在观看动画的过程中感受到中国文化博大精深的魅力②。

3. 游戏

基于中华五千年优秀传统文化的肥沃土壤，我们在很多中国本土的角色扮演类网络游戏中都可以发现其中的中国传统文化符号。网络游戏玩家可以在网络游戏的体验过程中潜移默化地得到中国传统文化元素的熏陶。可以说，中国传统文化在网络游戏这个载体中得到了很大程度的传播与发扬。在网络游戏大热的环境下，中国网络游戏如果想有自己的市场，必须注重在网络游戏内容方

①　喻双.传统文化在动画产业中的创造性转化[J].中国市场,2018(3):57-58.
②　魏钰.传统文化与动漫产业的共荣发展[J].新闻爱好者,2017(5):54-57.

面的特色开发。中国传统文化是中国本土游戏的一个极具特色的内容宝库①。

《梦幻西游》是由网易开发的一款网络游戏。该游戏以我国四大名著之一的《西游记》为背景，通过游戏中的相关任务，让玩家充分地了解相关典故，感受到更多的传统文化元素。游戏画面风格唯美，所有的人物、场景都是手绘而成的，将动态的游戏打造成了一幅幅颇具意境的水墨画。《梦幻西游》的这些设置，能够使玩家在享受游戏带来的愉悦感的同时被其中的传统文化因素所感染②。

腾讯公司开发的《王者荣耀》中也有很多传统文化元素。玩家们可以选择各种拥有神话和历史背景的角色，这些角色的技能基于历史事件，发动技能的时候还伴有中国古诗的吟唱。这款游戏还催生了与传统文化有关的一些其他衍生作品。例如，腾讯打造的一部脱口秀节目就邀请专家与观众分享《王者荣耀》中的历史文化元素，截至2018年，该节目已经有超过3亿次的网上观看量。此外，《王者荣耀》的国际版《传说对决》也在85个国家和地区用16种语言发行，截至2018年上半年已拥有超过1亿个国际用户③。

由金山软件公司西山居工作室开发的网络游戏《剑侠情缘三》，历时6年打造才完成。自2009年公测以来，该游戏不断优化用户体验，但始终坚持中国武侠的风格。工作室凭借地形植被渲染技术、场景光影特效、NormalMap和SpeedTree等先进运算绘制手法还原中国传统武侠世界，将诗词、歌舞、古琴等多种具有中国传统文化特色的元素融入游戏，吸引并留住了一批忠实玩家，长期以来始终在国产网游中处于领先地位，成为国产网游的代表作之一④。

《古剑奇谭》是由上海烛龙信息科技有限公司研发的著名单机游戏系列。其游戏设定源自我国古书《山海经》，由太古传说引入剧情，以仙侠为题材，"行侠仗义""拯救苍生"等经典武侠元素均在剧情中有所体现。本系列游戏场景均为中国古代风貌，建筑风格根据地理位置的不同而有所区分；游戏对话中大量引用儒家经典名言、成语等，展现出浓浓的传统文化韵味；游戏在服装、物品、背景音乐等细节上也突出了中国传统文化特色。另外，该系列作品之一

① 齐水霞.中国传统文化在网络游戏传播中的问题简析[J].东南传播,2018(8):41-43.
② 张俊.网络游戏:传承和发展中国传统文化的新平台[J].市场瞭望,2014(8):115.
③ 新华社.网络游戏助力中国传统文化推广[J].对外传播,2018(12):60.
④ 王莹霏.论中国传统文化在网络游戏《剑网三》中的表达[J].电视指南,2018(2):30.

《古剑奇谭：琴心剑魄今何在》还设有"洞冥广记"系统，将玩家在剧情、对话中所收集到的传统元素分类整理，可供玩家随时查阅①。

三、新型数字资源开发与实践

1. AR 技术

AR技术借助计算机生成虚拟信息，与现实物理环境中的场景信息相融合，为人们营造出一个虚拟与现实交融的环境，丰富了真实环境中的信息内容，为人们提供了更为完善的信息体验。AR 技术在博物馆中的应用主要通过智能手机或平板电脑等方式进行。借助特定的应用程度，观众可以对展览中的内容进行有针对性的搜索，获取更多的信息。如"中国兵马俑"展览中，展厅内仅陈列部分文物，其他文物由于尚未发掘或已经遭受破坏，在展厅难以呈现。展览借助 AR 技术，可以实现这些难以现场展示的文物的 3D 或 4D 展示，极大地增加了博物馆展示的信息量，为人们了解历史和文物背景提供了一种极好的渠道②。

在湖南省博物馆，游客可以借助 AR 设备看到"活着"的帛画《车马仪仗图》：一个头戴刘氏冠、冠带系于颌下、腰间佩长剑的男子，正在检阅自己的部属。风吹动了他的朱领白袖黑紫色长袍。同时，这幅帛画还可以通过语音为参观者讲解故事的前世今生，真正让参观者感受到这幅帛画的魅力。武侯祠博物馆推出了以"三国科技"为主题的 AR 明信片。该主题 AR 明信片的画面展示了三国时期一些精巧或庞大的机械设备。借助 AR 技术，受众可以直观感受这些机械设备的 3D 动态运作模式，从而直观地了解三国时期相关兵器的知识③。

国家典籍博物馆推出了一个采用 AR 技术的书法临摹套装。这个书法临摹套装将知名古代藏品的书法字体提取出来，制成传统的拓写字帖，同时配套推出一款基于阿里火眼技术的 App。消费者用这款 App 扫描字帖之后，就会激

---

① 韦天聪.国产游戏中传统文化的传播与影响——以《古剑奇谭》为例[J].新闻研究导刊,2016(19):312-313.

② 朱文元.增强现实交互技术在博物馆中的应用[J].电子技术与软件工程,2017(4):149.

③ 张美英.增强现实(AR)技术,博物馆应用新热点[J].信息化建设,2018(5):59-62.

活 AR 系统，软件会智能识别被扫描的字帖是从哪件藏品中提取出来的，消费者可以选择播放该藏品背后的故事，了解该藏品的历史、字体撰写者的传说，获取相关的历史知识，也可以选择直接播放著名书法大师讲授如何撰写这个字的视频。AR 技术在增强文创衍生产品的趣味性的同时也为博物馆经营者提供了经济回报，以便于其继续创造更好的文创产品，从而形成一个良性的可持续的互动互补关系，更加实际地实现了传统文化的可持续传播。

2. VR 技术

随着计算机图形学和数字图像处理技术的发展，越来越多的国家将 VR 技术应用在文物的收集、保存、虚拟展示、复原以及辅助考古研究、旅游宣传等方面。采用 VR 技术对文物实施数字化保存，能极大限度地弥补文物因不可抗拒因素衰变或消失所造成的信息消亡，又能很好地处理旅游开发和文物保护的关系，数字敦煌便是一个很好的例证。1996 年，敦煌研究院启动"濒危珍贵文物的计算机存贮与再现系统研究"项目，与浙江大学合作开发了"敦煌石窟虚拟漫游与壁画复原"系统。该系统综合采用了数字摄影、图像处理、三维建模、虚拟现实和人工智能等信息技术。利用该系统，用户可以通过电脑参观敦煌莫高窟的外景、内部壁画、彩塑等，还能观看虚拟的石窟完工盛况，感受石窟壁画千年演变的沧桑[①]。

故宫 VR 体验馆是故宫博物院推出的旨在宣传故宫传统文化、具有娱乐性的现代化场馆，位于故宫博物院交泰殿的西南侧。故宫有关专家希望借助 VR 这种高科技手段，增加观众对故宫文化总体概况的认识，使人们身临其境地感受故宫的历史和文化魅力。2017 年，故宫推出了"故宫 VR 体验馆"项目。借助 VR 技术，游客好像突破了时空限制，摇身一变成了古人，在鲜活的历史场景中行走、触摸和体验。体验馆配备了"头盔式"360 度的 VR 佩戴设备，防止设备脱落带来的体验中断。同时，除了基本 VR 设备，体验馆还为游客专门配备了 3D 动感座椅和灯光氛围控制系统，配合视觉作用，同时刺激观众运动体感、视觉、听觉等感官。首期推出的 VR 体验作品是《朱棣肇建紫禁城》。观众戴上 VR 4D 头盔后，首先映入其眼帘的是气势宏大的故宫建筑全景图。

---

① 蔡蔡, 宋双双. 虚拟现实技术在敦煌壁画保护中的应用研究 [J]. 科技与创新, 2015 (11): 78.

观众会感觉自己跃上了马背，跟随明朝皇帝朱棣一路前行。接着，他们会看到朱棣正在仔细勾画故宫的建筑蓝本，同时耳边传来从星象、礼制、五行等角度讲述的修筑故事。考虑到故宫每年都会迎来大量的外国游客，该项目已经推出英文版和日文版①。

2018 年 12 月 19 日，故宫博物院发布第七部大型 VR 作品——《御花园》。此部 VR 作品聚焦紫禁城里的皇家花园——御花园，利用 3D 特效真实呈现了御花园的全貌，结合史料研究创造性地还原了这里曾经存在的植物、动物、假山、建筑等，在虚拟现实的世界里再现了一个皇家园林②。

① 故宫 VR 体验馆［EB/OL］.［2021-08-08］. https://baike.baidu.com/item/%E6%95%85%E5%AE%ABVR%E4%BD%93%E9%AA%8C%E9%A6%86/22254793?fr=aladdin.
② 北京故宫博物院发布第七部大型虚拟现实作品《御花园》［EB/OL］.［2021-08-08］. https://baijiahao.baidu.com/s?id=1620325356361172601&wfr=spider&for=pc.

第四章　新时代文化创新发展的特征与模式

第一节　新技术环境下文化发展的特征分析

从新技术环境下优秀传统文化理论研究和实践分析结果可以看出，新技术环境下优秀传统文化研究的关注度在近十年一直不断飙升，文化与科技的融合已成为当前传统文化发展的重要特征。文化与科技融合的本质是两大领域之间的价值辐射、延伸及相互渗透，其融合过程主要表现在以下几个方面。

横向扩展上，同一领域的多个主体可以通过战略联盟、业务外包、收购等多种方式实现业务分工合作和资源优化整合。例如，旅游产品制作加工产业可以与广播影视业、动漫业、创意设计业、印象图书业等文化创意产业进行横向融合互动，从而产出影视旅游、主题公园、创意设计园景区、旅游纪念品等特色旅游产品。

纵向延伸上，对两大领域的上下游主体进行资源整合，可以实现价值增值。事实上，价值的纵向延伸就是"优秀传统文化 IP 活化—传统文化价值链重构、优化、创新—科技文化产品跨界融合—科技文化产品营销—用户"的推进过程。

对科技与传统文化的关系的认知，主要建立在三个核心要素上，即"世界多元文明""中国文化自信""互联网数字时代"。优秀传统文化是一个国家或民族的软实力，是国家或民族延续的基因。随着时代的变迁，国际交流合作的宽度和广度不断拓展，文化日益呈现出多元化融合的特征。这种多元化的开放融合，不仅在保持中华文化基因的基础上广泛吸收了世界优秀文化，丰富了中华文化内涵，同时还在传承与创新中坚定了中国特色社会主义文化自信。互联网技术、网络技术和数字技术极大地改变了人与人、人与商品、人与服务之间的关系，智能化的数字技术深刻改变着文化的内容、文化的形式，影响着文化的生产创造、传播分发、接受方式及其在人与人、国与国之间的互动影响方式。我国已经进入高质量发展阶段。党的十九大提出了我国社会主要矛盾变化的新特征，即我国社会主要矛盾已经转化为人民日益增长的美好生活需要和不平衡不充分的发展之间的矛盾，实现文化与科技融合才能更好地满足群众对美好生活的需要，为高质量发展集聚动能。

新技术环境下优秀传统文化的传承与推广呈现出以下五个重要特征。

一、从单向度融合到多层次融合

优秀传统文化与新技术相互作用、相互影响，从整体的发展特点来看，呈现出从单向度向多层次融合演进的特点。

传统文化与新技术的单向度融合，是指文化与新技术在发展过程中，只强调一方对另一方的作用，而不考虑对方的反作用。多层次融合体现为事物之间的相互渗透。科学技术与传统文化相互渗透，在传统文化中增加新的科技活力，使文化产业结构更合理化，资源配置更优化，经济效益不断提高。目前，新技术与优秀传统文化已进入融合转型期，单向度、浅层次的融合已不能解决传统文化的生存问题，多层次的融合开始出现，呈现出全新的融合特点。例如，文创产业若以文化内涵为基础，叠加技术手段，可以更大限度地表现文化创意，创造出高附加值、高科技含量的产品。传统文化与科技的多层次融合成为当前文化产业发展的突出特征和重要标志。这种多层次的融合催生了一系列新兴文化业态，预示着文化产业发展的未来方向。

文化系统与科技系统始终处在一种动态调整、相互适应、相互利用的动态互动中。传统文化与科技融合发展的演进历程大致可以划分为四个阶段：第一个阶段是简单互存共生阶段。新石器时代，人们对传统文化与科技还没有形成认识，但事实上，人类社会和传统文化是在无意识中协同发展的。造纸术、印刷术等发明，虽然是科技领域的重大发明，但对中华文化，特别是世界文化的进程影响是极为巨大的。第二个阶段是协同演进发展阶段。人类对事物和现象的认识往往一开始是功利性的，然后才有了审美层面的认识。在经历了漫长的原始文化和技术的积累之后，文化开始从劳动实践中分离出来，出现了精神层面的礼仪等。从此，传统文化与科技的发展有了各自的领域，虽然时有交叉，但整体上是一种并行发展的状态。第三个阶段是传统文化与科技融合发展阶段。随着近代工业革命的发展以及信息技术的出现，西方科技对传统的文化表现形式进行了改造。科技改变了人们对传统文化表现形式的认识，也推动了人们对传统文化产品的新的追求，并借助政治、经济方面的力量推动文化产品的升级，提高人们对传统文化产品的消费力，加强文化的渗透力。代表性的产品有音乐、电影、现代印刷品等。这一阶段文化产业作为一个分离的产业出现，科技成为文化生产的支撑工具。这是文化与科技的初步融合阶段。第四个阶段是深度融合发展阶段。此阶段以传统文化产业迈向高质量发展为重要特征。随着数字技术的普及、人工智能的深度应用，科技产品被注入文化内涵，文化资源获得创新表达，文化创意产品中包含着科技创新的魅力。文化新形态、新业态多种多样，文化传播方式出现了革命性的变化。文化与科技的深度融合促进着消费、生产乃至社会方方面面的深刻变化。

二、从协同发展到思维创新

优秀传统文化与新技术需要协同发展，更需要思维创新。一方面，新技术的应用可以实现跨领域知识融合与交互，这种交叉协作可以加速知识创新。另一方面，思维创新是推动文化与科技融合的前提，只有通过思维创新，打破固有思维模式，才能促进传统文化软件与新技术硬件的融合创新。在思维打开的基础上，应积极拥抱科学技术，利用科学技术在信息传播、信息积累中的优势，形成信息创新，促进传统文化发展。

思维创新是协同发展的更高层次，在意识形态领域表现为以"扬弃"的态度对待中华文化，在体制领域表现为加强文化体制改革。

就中华传统文化而言，习近平在多次会议上都强调："对传统文化进行创造性转化、创新性发展。"[①] 这就从内容和形式两个方面回答了传统文化发展的问题。对于内容，一是要坚持"扬弃"的态度，取其精华，去其糟粕；二是要

---

① 习近平对中国传统文化的创造性转化和创新性发展——以知行关系为例[EB/OL]. [2016-02-03]. http://theory.people.com.cn/n1/2016/0203/c40531-28108648.html?a=djxx.

结合新的时代特征，赋予传统文化以新的时代内涵，激活其新的生命力，发挥其在当代社会的生命价值。对于形式，可以批判性地保留仍有借鉴价值的文化表现形式，同时要结合文化新内容创造符合当代人审美要求的新表现形式。就革命文化而言，革命文化是中华民族独特的精神标识，进入新时代，最重要的是要使革命文化的红色基因渗进血液、浸入心扉，让特定时代形成的革命精神继续发挥时代价值。就社会主义先进文化而言，习近平在十九大报告中指出："社会主义核心价值观是当代中国精神的集中体现，凝结着全体人民共同的价值追求……把社会主义核心价值观融入社会发展各方面，转化为人们的情感认同和行为习惯。"[①]

在体制领域，习近平强调："我们要大力推动文化事业发展……让文化为人类进步助力。""加强公共文化服务体系建设，推进文化体制改革。"[②] 2018年8月，习近平在全国宣传思想工作会议上强调："要坚定不移将文化体制改革引向深入，不断激发文化创新创造活力。"[③]文化体制改革也是文化创新的重要体现，即要敢于破除与当前文化发展不相适应的体制机制，勇于探索适应当前文化发展的新体制和新机制。文化既是民族的，也是世界的。推进中华文化与世界各民族文化的交流与融合，需要根据时代发展需求，创新文化对外宣传的方式，比如可以借助高校之间的文化交流、民间的体育活动等，既有助于增进中国人民与世界各国人民的友谊，又有助于提高国家文化软实力，从而促进文化强国战略的实现。

从总体看，与时俱进的创新性是习近平新时代文化强国思想的鲜明特征，是中国特色社会主义文化大发展大繁荣的根本动力，同时也是文化强国思想永葆生机和活力的源泉、动力。

---

① 习近平:决胜全面建成小康社会　夺取新时代中国特色社会主义伟大胜利——在中国共产党第十九次全国代表大会上的报告[EB/OL].[2021-08-10]. http://www.gov.cn/zhuanti/2017-10/27/content_5234876.htm.

② 受权发布:《习近平关于社会主义文化建设论述摘编》(七)[EB/OL].[2019-01-07]. http://theory.people.com.cn/n1/2019/0107/c40531-30507306.html.

③ 自觉承担起新形势下宣传思想工作的使命任务(2018年8月21日)[EB/OL].[2020-08-18]. http://www.qizhiwang.org.cn/n1/2020/0818/c433561-31826983.html.

三、从要素集聚到深度融合

传统文化与新技术融合发展的过程就是传统文化要素与科技要素集聚互动的过程。这种集聚是传统文化、科技在从量变到质变的演进历程中显现出的特征，最终达到传统文化与科技融合的结果。

传统文化发展离不开科技支撑，科技发展也需要文化创新的滋养。传统文化既是科技的发展环境，也是科技成果的运用市场。文化的发展是以世界观、价值观等人类对世界的认识为前提的，而人类对世界的认识、对客观世界规律的探索、对世界的改造，是必须依靠科学和技术的。

从要素层面来说，科技所包含的各要素中的核心是人，而人的知识、技能等是支撑文化发展的内核；没有科技要素的投入，文化也就难以顺应社会发展的需求，更谈不上文化自身的演进；缺少规范的科技制度、科技发展环境，传统文化难以寻得载体，传统文化的物质化就难以实现，更谈不上传统文化的进步。人类社会文化是伴随着科技的进步及其演化而发展和进步的。

同时，传统文化是科技发展的动力机制。人类历史表明，文化的发展深刻影响着科技的创新、科技成果的运用，影响着人类对世界认识和探索的深度和广度。无论是物质文化、精神文化、符号文化、规则文化，都会极大地影响科技的发展。例如，中国的儒家文化对中国科学和方法的进展产生了重要影响，意大利的文艺复兴运动促进了现代科技革命，美国的创新文化使得美国成为19世纪的世界科技中心。今天，我们鼓励探索、宽容失败、崇尚创新的文化，必然会使我国成为世界科技强国，实现伟大复兴的中国梦。

传统文化与科技的深度融合在我国进入新时代后具有更加重要的意义。这种融合不仅是普通意义上的互动关系层面的融合，其主要表现为如下两个方面：一是世界科技发展的背景以及中国成为科技强国战略下的融合，需要考虑经济全球化和信息化以及数字经济时代的到来等发展背景；二是深度融合发展中的融合要建立在文化自信的基础上，以实现中国梦为目标的多元文化体系下的文化自信，表现为文化方向、文化思考、文化创新等中国特色社会主义文化大发展大繁荣的战略导向，是一种高新科技支撑下的中国特色社会主义文化形态。这种深度融合还体现在科技文化与文化科技的一体化上，不仅用科技支撑文化，也要用文化推动科技，文化与科技的发展互为结果，更互为动力、互为渊源，推动我国实现文化和科技强国。

四、从本土经验到全球化

伴随全球化的推进，以规模化的生产和技术复制为特征的加工方式使各国的传统文化呈现出同一化趋势，但现实中具有多元色彩的地方文化仍保持着旺盛的生命力，具有地域性、独特性、小众化等特征。当前，我国将科技手段融入地方特色文化资源的开发已形成一定规模，不仅助推了地方特色文化资源的创意形式，更改变了特色文化产业的生产、传播和消费方式。在网络时代，数字文化的兴起为我国特色优秀传统文化的国际化传播提供了新的渠道，从本土经验向全球化发展，才能使民族文化兼收并蓄、走向世界。

放眼全国乃至整个世界，地方特色文化是独一无二的、不可复制的文化资源。中国优秀传统文化本身具备非常明显的区域特征，例如南方文化中具有代表性的荆楚文化、巴蜀文化、潮汕文化、闽越文化等，北方文化中的中原文化、三晋文化、齐鲁文化等。在文化创新的道路上，很多地方文化在创新发展的过程中抓住了时代机遇，拥抱信息技术，充分挖掘本身的地方特色，建立起了自己的绝对优势。例如，安徽省从自身的区位优势出发，注重打造设计打造全省文化创业产业链条，从创新想法落地到资源整合，再到内容呈现，各个环节都以科学技术为重要切入点。湖北大冶以地方特色的青铜文化为基础，将青铜文化与时尚主题相结合，拍摄数字电影《青铜爱情》，实现了由单纯的青铜工艺品向以青铜文化为内涵的传统文化产品的转化。

中国优秀传统文化的传播在总结本土建设经验的基础上，向着全球化的方向不断发展。在与世界经济的交往中，丝绸文化、茶叶文化、瓷器文化等构成了中国优秀传统文化的重要标志，伴随着中国"一带一路"战略的实施，立足历史丝路文化交往中形成的理念共识，丰富中华文化数字传播内容，创新民族文化数字化传播形式，更能够体现新时代"走出去"的文化输出模式。一方面，要用开放的视野俯瞰全球，促进各类文化兼容并包，积极参与国际规制与标准研究与制订工作，增强文化科技融合在国际上的话语权，在我国和平崛起过程中逐步构筑起影响全球、无与伦比的软实力。另一方面，要有效利用数字化传播平台，不仅借助中央电视台、人民网等权威媒体在海外设立的网络站点对中华优秀传统文化进行主流传播，还可以通过微博、抖音等社交媒体传播和分享历史文化的感悟，在世界范围内实现跨圈层的人际传播与文化互动。

第二节 新时代中华优秀传统文化的创新发展模式

本节在对新技术环境下中华优秀传统文化传承与推广的概念和应用现状进行梳理的基础上，从传统文化的建设主体、内容种类、传播渠道、服务方式四个层面，将新技术环境下优秀传统文化传承与推广模式总结为多元主体共建模式、全产业链内容生产模式、跨界融合传播模式和新型用户体验消费模式，从核心要素、生产流程、主要特征、发展趋势等多个维度对模式内容进行具体分析。

一、多元主体共建模式

多元主体共建模式具有明显的多元性，其发展趋势呈现为由政府的一元体系发展为政府、企业和社会化机构三足鼎立的三元体系，政府、企业和社会化机构互为补充，共同提升。多元主体共建模式的核心组成要素包括三点：政府主导，社会参与，市场配置。

1. 政府主导

政府是文化服务体系的核心，是文化服务的组织者、管理者和监督者，也是公共文化服务的第一责任者。

（1）政府主体定位

首先，政府在公共文化服务体系中的定位为组织者、管理者与监督者，主要负责组织监管文化产品的生产投资与供给，保证产业链的正常运转，为公共文化的生产提供良好的政策法规和制度环境。政府通过制定相关的规则与标准、规范，可以有效规范市场行为，提高文化服务的运行效率，保证市场公平。

其次，在文化服务建设方面，政府是文化服务的投资主体。文化服务涉及国家软实力的提升与公益性事业的发展，政府作为投资主体可以适当地引入市场资本，在没有国家明文禁止和限制的公共文化服务领域可以鼓励非公有制资本进入。

最后，在文化内容生产方面，政府与市场是合作关系，其主要的合作方式有外包、委托、特许经营等方式。政府要充分发挥市场优势，提升文化内容生产的公益性与效益性。

（2）PPP 模式

政府主导与激励在实践中的主要实现形式是 PPP 模式。PPP（Public-Private Partnerships）即公私合作模式，指通过政府与社会资本合作，在基础设施、文化服务等领域通过竞争方式选择具有生产能力和运营能力的社会主体，按照平等协商的原则订立合同，通过特许经营方式明确主体责任关系。政府作为投资主体应依据公共服务绩效评价标准完成资本的合理对价支付，政府与社会资本主体形成共同利益体，共同为公共文化服务的建设运营负责。

2.社会参与

社会参与的目的是满足人民群众更高的文化需求，同时弥补政府提供公共文化服务的不足，而政府在社会参与过程中主要负责提供充分的政策保障，例如制定经济性政策（如产业政策、财政税收政策）和非经济性政策（如文物保护政策），引导企业生产政府需要的公共文化产品、提供政府期望为人民提供的公共文化服务。

（1）社会参与形式

社会广泛参与在合作形式上主要表现为两种形式：一是政府与社会信息提供商、内容生产商、渠道传播商、投资运营商、配套服务商等文化企业、单位进行合作；二是与互联网企业如技术研发公司、内容生产公司、应用开发公司、终端供应公司、平台推广公司等进行密切合作，主要的合作方式包括项目共建、资本投资、战略运营。

（2）P2P 模式

社会广泛参与在实践中的实现形式是 P2P（Peer-to-Peer，即伙伴对伙伴）模式。该模式利用网络融资渠道确立借贷关系。P2P + PPP 模式可以确保政府的主导地位，同时又能通过网络借贷形式解决融资困难问题，并通过政府授权或国家信用担保使项目的融资更加透明与安全，从而吸引到更多的社会投资者。

3.市场配置

如今，传统的文化事业和文化服务内容开始进入文化消费领域。传统文化以公众更为容易接受的方式进入了文化消费和文化市场，展览、文创、公共教育等新兴模式使文化资源得到广泛传播，文化事业与文化产业之间的界限逐渐打破，大众文化消费圈层逐渐形成。

（1）市场协调机制

传统的文娱产业如文化艺术、文化娱乐、文化创意等非经营性文化行业，与电子商务、社交网络、在线娱乐、互联网金融等行业不断融合，推陈出新，形成了网络文学、数字创意等用户生成内容模式。市场经济促进了公共文化服务的组织体系变迁。市场的持续性发展，既可以使各种企业获得相应的资本收入，又可以促进文化传播社会效益的整体提升。在将收益追求放在第一位的同时，具有社会责任感的企业家开始通过提供公共文化服务这一形式回报社会。

（2）众筹模式

文化资源征集的过程中容易出现形式单一、单向线性传播等不足，在这种情况下，构建虚拟开放的众筹众创社区，可以让资源征集突破时间和地域的限制，实现"群体智慧"的增值扩容。众筹模式利用大众筹资或群众筹资的方式吸引社会资本，也可以打赏、分组、共享、私聊等方式保证其长期运行。

二、全产业链内容生产模式

新技术与优秀传统文化在内容层面的融合主要体现在数字文化创意模式上。全产业链内容生产模式是指在现有科学技术的驱动下，将文化内容生产的各个环节打通，形成一条完整的产业链模式，最终达到提升传统文化产品和艺术表演产品体验力和表现力的目的。

全产业链内容生产模式的突出特点是强调在现代科技驱动下，以数字技术丰富和提升传统文化内容生产的各个环节，包括文化形象创作、文化形式的展示包装、文化娱乐内涵和艺术表现力的挖掘。

依据内容生产流程，本书将全产业链内容生产模式的核心组成要素概括为特色 IP 开发＋现代科技演绎＋周边产业拓展。

1. 特色文化 IP 开发

IP 概念主要是在网络环境下产生的，原意为"知识产权"，现已引申为对于有各文创作品的统称。在互联网时代，特色文化 IP 不再局限于作品本身，而是强调广泛的体验与互动。在泛娱乐的互联网与移动时代，特色 IP 可以创造粉丝经济，利用互动娱乐打通游戏、文学、动漫、影视、戏剧等门类。文化企业或文化服务机构也可以利用自身的文化 IP 进行市场扩展，以核心 IP 为竞争力创造更多社会效益和经济效益。

特色文化 IP 与传统意义上文学艺术经典形象塑造的区别主要体现在以下两点：

（1）注重市场效果

传统文化形象的塑造往往单纯依赖文学创作，而网络时代的 IP 注重产业效应与市场效果，文化 IP 的知名度需要经过市场的检验，强调多维主体的连接和产业价值的赋能。

（2）民族性特质解构

随着文化 IP 理念的进化，从文化传承与推广的视角看，传统文化的民族性成为全球化概念，具有中国特色的文化形象需要多元创意，但其文化价值理念和民族文化内涵却是不能改变的。例如，根据传统文化 IP 改编的流行歌曲或电视剧，需要具备丰富的文化精神内涵，塑造政治理想和家国情怀，才能实现 IP 效应的延伸。盘活特色文化资源，需要对于特色民族性特质进行深入挖掘，更需要找到这些文化特质和现代生活的连接点。例如贵州毕节市黔西县新仁苗族乡挖掘特色苗绣传统，开展苗绣产业化建设，非遗技艺传承技艺借助短视频等新媒体手段，让传统技艺大放光彩。对民族性特质文化资源的挖掘与开发，一方面需要把中华优秀传统文化和现代生活理念结合起来，另一方面需要坚持以人民为中心，把文化创新和群众需求结合起来。

2. 现代科技演绎

互联网技术深刻改变了人与人、人与信息、人与服务的关系，现代科技已成为人们生活中不可缺少的部分。传统文化的内容生产在互联网、云计算、大数据等基础设施不断完善的前提下，开始探索基于不同生活应用场景的服务。在现代科技的演绎下，全产业链内容生产模式的具体应用场景包括以下三类：

（1）人工智能，人机交互

"人工智能 + 传统文化""人机交互 + 传统文化"是指借助人工智能、人机交互等技术进行文化创作，打破文化跨语言、跨地域传播的壁垒。人工智能技术利用知识图谱、自然语言处理、计算机视觉、生物特征识别等技术完成自动学习，典型的代表有百科知识图谱、多场景自动翻译、AI 记者等；人机交互类技术利用 AR、VR 等技术在传统文物保护、展览展示领域得到广泛应用，带来视听感官交互体验的全面升级。

（2）移动音视频内容生产

移动互联网时代将让人类的时间和注意力逐渐碎片化，移动互联网与互联网的本质区别在于用户使用场景和消费场景的转换。伴随着 90 后、00 后这一主流娱乐消费群体的崛起，人们的阅读习惯逐渐从文字阅读向听书、视频阅读转型，最突出的代表就是短视频的发展。短视频的出现与自媒体的发展息息相关，它满足了年轻人的碎片化阅读需求，成为传统文化的全新趣味化表达形态。音视频的形式激活了传统文化原有的生命力，强调了传统文化精神。除此之外，影视综艺产业对传统文化的传承与推广也起到了助推的作用，纪录片《我在故宫修文物》综艺节目《国家宝藏》等"圈粉"无数。

（3）现代视觉技术展示

现代视觉技术展示主要分为两类：一种表现为现代声光技术，使舞台演出更具冲击力，在传统文化的会展和演出领域，运用现代声光技术可以让艺术与科技形成共鸣；另一种表现为全息影像技术再现虚拟形象，利用声音和光线，通过计算机编程形成不同的搭配组合，可以生动地在舞台上再现不存在的人和物，营造出绚丽的声光场景。例如，G20 杭州峰会时西湖上的现场展示，利用全息投影技术充分展现了江南韵味、中国气派，利用数字动画技术再现了中国传统戏曲服装和舞蹈中人物的形态、色彩与动作，利用沉浸式体验技术再现了中国古典诗词中描写自然运动的汉字形态。

3.周边产业拓展

根据传统文化 IP 开发周边产业，受众的范围得到极大的扩展。传统文化 IP 周边产业营销主要有两个关键点：载体衍生创新和主流品牌引领。

（1）载体衍生创新

传统文化 IP 的周边载体形态主要分为三种类型：动漫、影视、游戏。从市场的规模来看，中国已成为国际上重要的文化生产大国和世界游戏市场，每年中国的电影、电视剧、动画、游戏产量都位居世界前列。

一方面，文化 IP 具有衍生性与反哺性，可以利用其他不同的资源创造出新的 IP，并利用 IP 的传播效应完成 IP 改编和系列衍生。以故宫博物院为例，它在将自身打造为文化 IP 的同时，不仅涉足视频制作行业，打造了纪录片

《我在故宫修文物》等作品，还利用移动端开发"每日故宫"App，利用网络购物平台打造"故宫淘宝"，并创办文化体验感十足的文创商店和古色古香的超级主题餐厅等周边产业，其发展模式值得我们研究、探索和借鉴。

另一方面，在快速发展的移动互联网时代，文化IP周边产业营销的新型模式还改变了传统的融资形式和商业模式，带来了以网络众筹为代表的开放互动的融资新模式。

（2）主流品牌引领

虽然文化IP的热潮不断，但仍存在盲目跟风、追求"快餐化"利益、随大流、低俗化等问题。在优秀传统文化IP的开发过程中，对艺术审美和正确价值观的忽视已成为内容生产环节的主要问题。传统文化IP的开发与全产业链运营不应只为了获利，也要让更多的人愿意了解、学习传统文化，并加入保护和宣扬传统文化的行列。

在打造传统文化IP的过程中，要注重把握传统文化的内容核心，传达积极的价值观念，凝聚文化价值。文化IP的全产业链生产模式不仅应具有营销价值，还应具备一定的文化高度与普世价值。

三、跨界融合传播模式

优秀传统文化与科技的深度融合迎来了新的生态机遇，行业间与学科间的界限逐渐被打破。本部分从互联网与文化服务行业上下游角度对跨界融合传播模式进行解析，将跨界融合传播模式的主要特征总结为"互联网服务脉络贯通"+"公共服务上下游全盘激活"。

1.互联网服务脉络贯通

跨界融合的重要方式之一为互联网与传统文化的融合，"互联网+"的时代背景顺应了这种融合趋势，依托大数据、云计算、物联网等新兴互联网技术，传统文化与互联网服务的融合呈现出脉络贯通的发展趋势。互联网服务脉络贯通的具体表现有以下两点：

（1）深耕O2O+SOLOMO联通移动理念

O2O全称为Online to Offline，即线上到线下；SOLOMO是Social、Local、Mobile的缩写，即社交化、本地化和移动化。O2O+SOLOMO的联通移动理念强调利用社交网络开发优秀传统文化的线上线下服务功能和交互性、个性化的社区服务功能，重新定义了传统文化的服务模式、服务流程和服务方式。

微博、微信和短视频平台是三种最常见的基于用户关系进行信息共享与传播的新媒体平台，具有较高的用户曝光率和影响力。传统公共文化服务机构也开始通过建立公众账号展示自身资源，传播自身文化理念，同时通过在新媒体平台上发布图片、视频等多媒体信息，利用转发和评论增强与用户的沟通和互动，增强用户黏性，构建用户关系网络。例如，抖音与国家博物馆、湖南省博物馆等博物馆开展合作，在博物馆日举办了"第一届文物戏精大会"活动，起到了很好的传播效果；国家图书馆通过购买、自建、联建等方式积累了大量数字资源，并对这些数字资源进行有效整合，搭建各类媒体平台联动发展的互联网服务拓展模式，创建"国家数字图书馆""数字图书馆推广工程"等公众服务账号，并开发"掌上国图"App，提供线上书目查询、图书续借、讲座培训通知等服务，同时利用移动服务平台发布专题资源，如"从莎士比亚到福尔摩斯：大英图书馆的珍宝""圣贤的足迹，智者的启迪——孔府珍藏文献展"等。利用新媒体技术重构传统文化传播内核，打通文化生产、传播、营销、消费等各个环节，可以使各领域有效关联，提高产业链的整体运行效率，例如下游的用户渠道可将其搜集的用户数据反馈给生产公司，为其提供数据支持。公共文化服务机构也可联合自媒体平台、直播平台、音乐网站、游戏网站等完成内容多次分发，延长传统文化传播的内容产业链，拓展其生命周期。

（2）借力云技术强化网络设施

借助云技术强化网络设施，特别要重视利用移动互联网、大数据、人工智能、区块链、5G等技术实现文化产业数据互联、可视化与智能化。以图书馆为例，图书馆可以依托云计算技术搭建服务平台，以云存储的方式汇聚各类特色馆藏资源，同时利用大数据、云计算、网络爬虫等技术获取各类型、各载体数字资源，构建多源异构的数字资源体系，针对异构数据进行整合处理，完成数据筛选，满足用户需求；此外，图书馆还可以通过云服务端、云客户端、共享空间等结构完成数字资源的共享共建、长期保存和高效传输。

国家数字图书馆特色资源云服务平台由IaaS层（Infrastructure as a Service，基础设施即服务）、PaaS层（Platform as a Service，平台即服务）、SaaS层（Software as a Service，软件即服务）三层架构构成，包括数据、系统、服务、用户四个维度，实现了"数据采集—系统构建—用户服务"的3层整合模型。IaaS 层主要由云计算、云存储、云缓存及云数据库构成，采用统一的元数据描述框架构建特色资源数据池，利用唯一标识符技术完成资源统一调度；PaaS 层采用 web service 框架，负责特色馆藏资源的组织、发布、调度、管理与分析，完成与其他应用程序的关联；SaaS 层以读者和用户为核心，是图书馆特色资源的服务门户，其通过统一用户管理系统完成用户实名认证和单点登录，面向不同图书馆提供标准接口，实现工作的统一管理和调度。

2. 公共文化服务上下游全盘激活

伴随国家机构性改革和供给侧结构改革，传统的公共文化服务机构与出版发行行业、资源供应行业等文化服务的上下游开始出现全盘激活、深度融合的发展趋势。公共文化服务的上下游全盘激活，一方面可以不断促进上下游行业的转型升级，另一方面可以打造更多的服务亮点。

（1）整合公共文化服务融合升级

公共文化服务整合升级以公共数字文化融合工程为代表。公共数字文化融合工程是在"互联网＋公共服务"的时代背景下提出的一项创新性工程，其在资源、平台、移动服务、业态合作与机制创新等方面完成了一站式的公共文化数字资源的整合，统一标准、统一平台、统一界面、统一目录、统一培训、统一推广。该工程在资源建设方面，梳理公共数字文化资源服务总目录，推出"全民阅读""艺术普及""中华优秀传统文化""精准扶贫"等专题内容；在用户层面，推出专题门户网站"国家数字文化网"以及"两微一端"移动应用平台（指微博、微信及新闻客户端），联合各地市图书馆建设"国家数字图书馆"，以公共数字文化云为基础形成"一网多馆"的平台格局，针对基层服务的实际应用场景和传输网络，设置专门的应用客户端；在文化推广方面，开发专题品牌，以"美好生活"为主题发布文化服务目录，利用公共文化大数据平台整合用户数据、资源数据、服务数据，完成统一的采集、存储、分析与展示。

（2）联动下游服务行业创积极创新，打造亮点

图书馆、博物馆、文化馆和出版发行行业、信息服务行业、资源供应行业同属于文化服务行业，是上下游关系。跨界融合传播需要相关主体盘活彼此资源，实现共赢。联动下游服务的具体实现方式主要包括两点：一是图书馆、博物馆、文化馆等公共文化服务机构与书店、出版社、数据库商进行跨界合作；

二是公共文化服务机构与其他行业下游产业如商场、交通运输、电子商务、酒店等机构共同致力于阅读空间和文化氛围的营造。

国内在这方面的典型案例不少，例如：内蒙古图书馆与新华书店合作推出的"彩云服务"，通过搭建云平台，整合图书馆与新华书店机构的图书资源，利用服务终端直接为图书馆读者和购书者提供借阅服务。浙江图书馆的"U书快借"服务采用"你选书，我买单"的方式，读者利用浙江图书馆的借书证即可直接实现心仪图书的采购。国家图书馆与京港地铁合作推出的公益项目"M·地铁图书馆"，通过设立站内图书馆，打造图书专列主题车站，开展图书漂流活动等形式，为公众提供免费的电子图书在线阅览服务，方便读者利用碎片化的出行时间感受阅读魅力。

四、新型用户体验消费模式

新技术与优秀传统文化在用户层面的融合主要体现在消费模式上。新型用户体验消费模式是指，在体验经济时代，传统文化传承与推广的最终落脚点是用户的心理感知。结合体验营销的特点，传统文化用户的心理感知主要包括三个方面，即娱乐感知、美学感知和情感氛围感知。根据三个维度，本部分将新型用户体验消费模式的发展趋势总结为文创赋能、体验营销、文旅融合。

1. 文创产业重塑生态

文化创意产品以内容为内核，通过发挥创造能力完成内容设计，其核心追求是满足人们的精神消费需求。如今，消费者对文化产品中的审美价值和情感需求大大超过了其对产品本身的功能需求，文化产品中是否包含充分的文化内涵、背后是否有动人的故事设计，都成为文创产品竞争成败的关键，而美感、情感和娱乐感则成为文创产品的三大核心要素。

伴随AI时代的到来，文创产业也开始向智能化的方向转变，新技术为文创产业带来了新的科技附加值，其重要特征主要表现在以下三大领域。

（1）自动内容叙事

自动内容叙事即利用人工智能完成智能语音识别和自动内容制作。互联网巨头谷歌从2001年就开始研究机器人新闻，而后2015年腾讯推出了自动写稿机器人，之后新华社也推出了"快笔小新"写稿机器人……人工智能技术在对海量新闻的筛选和写稿、校对等方面都发挥了重要作用；在影视娱乐领域，新技术也被充分运用在了电影、电视剧等文创产品的制作中，例如，美国迪士尼和皮克斯公司充分运用人工智能技术自动生成动画，仅通过文本描述或截取日常视频中的任意虚拟形象，即可创建 3D 角色，确定动画形象姿势动作。好莱坞公司利用 AI 技术，分析海量电影历史数据，包括票房、演员阵容、市场评价等，从而建立票房预测模型。

（2）衍生产品创新亮点

"传统即新"，文创产品既承载了优秀传统文化的文化理念，又创造了新的价值。通过提取传统文化资源中的经典艺术元素，传统文化以新面貌出现在多种多样的日常用品中，个性化、定制化的充分应用既满足了市场需求，又提升了文化艺术的创作效率与艺术表现力。例如，运用新科技保护、监测、展示故宫的文化遗产，通过场景体验的形式连接更多博物馆受众；开发故宫娃娃、彩妆、包袋、服饰、办公用品等文创衍生品；利用微信小程序、抖音等推出"胤禛美人图""皇帝的一天"等游戏；与影视行业合作拍摄或参与拍摄《我在故宫修文物》《国家宝藏》等纪录片与综艺节目；与时尚、美食、游戏领域合作，联合推出了"上元灯夜活动""稻香村联合糕点礼盒""故宫口红"等产品，使故宫的品牌更加亲民化、科技化。

（3）精准用户画像

人工智能技术通过个性化的推荐和精准匹配完成用户画像。国外诸如 News Republic、Instant Article 等媒体已开始应用用户画像方式分析用户阅读习惯，基于用户兴趣模型为用户精准推送相关内容。

2. 体验营销如火如荼

体验营销是近几年新兴的文化娱乐形式，强调消费者的体验价值。其典型代表为沉浸式体验，即运用虚拟现实、增强现实等技术，在虚拟世界中营造一种视觉新形态，注重身临其境的真实体验，为参与者提供无限接近现实情境的虚拟环境，是一种全新的体感参与形式。

体验营销以影像、声音为主要元素，满足消费群体的日常生活审美，注重五官感受和体感参与，主要形式包括虚拟仿真、虚拟社区、虚拟现实角色扮演等。例如，应用逼真的三维虚拟场景增强参与者与作品之间的互动性，既满足了观众对传统文化的感知，又加强了观众对传统文化的深刻理解。其典型代表是"科技加文化沉浸式"的艺术展览，如迪士尼、环球影城以其旗下作品 IP

为原型，充分运用全息投影完成相关的情境设定和艺术展览，让虚幻的场景得以具象化。

体验营销中的民族文化认同以"讲故事"为核心，不仅让受众了解传统文化，更让受众不由自主地沉浸其中，增强其情感认同，在产生情感共鸣的同时，理解传统文化的精神核心和精髓。例如，数字动画《乾隆南巡图》即用立体互动的模式再现了乾隆盛世的辉煌，人们可以通过三维数字动画感受到乾隆南巡时的盛大仪仗和清朝市井百姓的生活状态。

3. 文旅融合趋势明晰

文旅融合的主要途径是将传统文化思想融入旅游产品研发环节之中。例如历史文化资源的创意推介（地域民俗文化项目融入旅游产品）、景观资源的开发（利用网络、电影、多媒体等现代化技术再现旅游特色景观）、节庆活动创新（以节庆活动为载体对传统文化进行创新性开发）、旅游产品自主创新（将旅游产品设计与现代价值观、消费观进行融合并进行开发）。

利用文化创意产业中的影视、媒体等行业改变旅游业传统营销模式，可以推动各行业效益的整体提升。现如今，传统文化旅游已经开始尝试多种创意。

（1）定制型文化旅游

随着游客需求的多元化，定制型文化旅游逐渐成为新的旅游业发展方向。定制型文化旅游以旅游者的需求为导向，针对旅游产品进行个性化定制，以满足不同客户的旅游需求，定制特色旅游线路，例如"葡萄酒文化之旅""橄榄油主题之旅""建筑文化之旅"等。很多博物馆也专门调查研究了不同类型游客的兴趣，推出"大师路线""时尚路线""珠宝路线"等特色导览，以打造特色文化旅游。

（2）情感娱乐型文化旅游

中华优秀传统文化与文化旅游行业的充分融合，能够打造极具感染力和市场影响力的文化旅游精品，引起国人的文化共鸣。很多文化旅游机构探索实施"文化＋科技＋旅游"的发展战略，以文化为核心、以新技术为支撑、以旅游为载体，以高新技术赋能文化旅游产业，选取代表中国精神、具有鲜明文化元素和能够表达文化内涵的经典故事素材进行创造性转化，打造兼具趣味性、观赏性与艺术性的文化精品。例如杭州宋城的"传奇世界"主题公园，将铁匠铺、药店、杂货铺等真实再现，邀请表演人员进行专业表演，让整个公园处处都体现出一种浓厚的文化氛围；长沙市人民政府与深圳华强集团合作开展"美丽中国·文化产业示范园"项目，建设"华夏历史文明传承主题园""复兴之路爱国主义教育基地""明日中国主题园"等主题园区，让中华优秀传统文化以大众喜闻乐见的方式不断融入百姓生活，持续为广大游客带来耳目一新的文旅体验。

（3）生活美学型文化旅游

当人们看惯了高楼林立，听腻了马达汽笛，就会向往绿水青山、蛙鸣燕啾和花香清馨。乡村旅游给予了城市居民一个体验他们所向往的生活方式的最佳机会。乡村旅游与传统文化的结合可以形成特色产业，强化旅游者的感性认识，例如在端午节举办祭祀、诗会、龙舟赛，茶园旅游与茶艺文化的融合，等等。

综上所述，本节将新技术环境下优秀传统文化传承与推广模式总结为多元主体共建模式、全产业链内容生产模式、跨界融合传播模式和新型用户体验消费模式，并从核心要素、生产流程、主要特征、发展趋势几个维度对模式内容进行具体分析。本节所提到的四个模式类型中，建设主体、内容种类、传播渠道、服务方式并不是彼此孤立的，而是相辅相成、互相融合的。要实现中华优秀传统文化的创新性发展、创造性转换，需要从以下几个层面落脚：

以公共文化为引领，多方协同，共生共融。应依托信息技术特别是新媒体技术对现代公共文化体系的支撑，形成跨界融合管理机制，并形成上下联动、纵横结合的有效组织机制。文化企业、高校、科研机构、政府等多元主体应联合参与，密切合作，将技术创新成果直接产业化。

以内容挖掘为核心，内容为王，创意制胜，文化为根。各类主体协调发展的根本目的是创新文化内容，文化传承与发展需要丰富、多元、便于大众接受的内容。文化产业发展的核心，就是内容创作。只有通过技术手段实现文化的继承、传播，实现各类主体的跨时空、跨领域合作，以激发出更加丰富的文化内容，才能促进文化发展经久不衰。

以跨界创新为主线，促"融合"成新常态。在新技术环境下，文化的发展已经脱离文化产业本身。通过文化内容带动文化上下游产业的发展，已经成为文化发展新主线，也成为文化产业化发展的重要途径。在文化内容的基础上，延伸出文化旅游、文创产品等新形式、新产品，这种融合发展将成为常态。

以用户为中心，谋"体验"为新生态。用户是文化的接受者、创造者，是文化产业的推动者、消费者，只有从用户角度出发，提升用户体验，打造易于接受、易于传播、易于消费的新文化内容，才可以实现更好文化传承与发展。利用互联网技术分析用户的行为习惯，为具有不同偏好的用户提供个性化的文化产品，将更好地提高文化传承效率。

第五章　建议与展望

一、发挥政府主导作用，强化政策扶持与保障体系

党和政府是新技术环境下优秀传统文化传承与推广的主导者和责任主体。新技术环境下优秀传统文化的传承与推广离不开政府的统筹与引领，应通过加强组织领导、强化政策支持、完善法律法规、加大经济支持等手段，打造有利于推动传承发展的体制机制。

在文化传承与推广的实践过程中，为了形成上下合力，充分发挥党政机关、事业单位、高校及文化机构在各自领域的优势，建议政府维护好如"学习强国"平台这样的融合多元文化资源且具有广泛影响力与权威性的知识传播平台，打破当前"各自为政"的机构或行业限制，从而在公共、融合、统一的平台建设框架下组织已有的资源建设单位，以子项目的方式进行建设与补充，同时可以制定一系列资源共享、合作的规则，以优惠措施鼓励资源建设单位的扩充和加入，进一步实现文化惠民、文化强国的最终目标。

1.加强组织领导，强化政策支持

政府应从党政建设角度加强新技术环境下优秀传统文化传承与推广工作的顶层设计，对有关工作作出制度性安排，构建齐抓共管的工作格局。政府可围绕中华优秀传统文化的传承与推广工作核心，结合其技术的创造性转化与创新性发展，将其纳入全民教育发展总体规划、领导干部考核评价体系等。同时，政府应整合建立优秀传统文化传承与推广相关领域和各行各业的合作共建机制，积极组织各方力量，结合新技术环境下优秀传统文化传承与推广的特点，对文化信息进行搜集、整理，探索推进优秀文化信息内容库的建设。

重视新技术环境下优秀传统文化传承推广相关扶持政策的制定和实施，确保政策措施的顺利落实。如制定和完善惠及相关工作的金融支持、税收减免等方面的政策；制定数字技术结合文物保护、非遗保护、国学教育的专项规划；完善相关奖励、补贴政策；引导和鼓励企业、社会组织及个人捐赠或共建相关文化项目；建立健全传统文化传承与推广重大项目专家委员会制度；完善各级监督制度，确保资金的准时到位、政策的稳步推进、各方力量的积极参与；等等。

2.完善法律法规，加大经济支持

进一步促进有利于优秀传统文化传承与推广的相关法律法规建设，完善地方性法规，加快推动政策法规的立、改、废、释，营造整体良好的法治环境。除完善文物保护法、非遗保护法以及制定文化产业促进法等相关法律，要积极探索并作好结合新技术手段传承与推广优秀传统文化的立法准备，完善文化传承的知识产权保护制度，尤其要注重商标权、所属权的研究，使文化传承规范化、科学化，实现有法可依、有据可查。通过法制化建设增强全社会依法传承优秀传统文化的自觉意识，形成守护和传承优秀传统文化的良好法治环境。

在建立健全法律制度的基础上，应进一步加大中央和地方各级财政支持力度，同时统筹整合现有相关资金，多渠道筹措资金，鼓励新技术环境下优秀传统文化传承与推广相关项目的开展，重点扶持以技术带动优秀传统文化传承发展的龙头企业或文化项目，积极推进其走向产业化，政府推动和企业市场化运作相结合，打造一批具有国际竞争力的科技文化企业。要遵循可持续发展原则，探索设立新技术文化产品奖励基金，创新产品生产模式，不断提升文化企业的"造血能力"。

3.构建以新技术推进优秀传统文化传承与推广的保障体系

在新技术环境下，优秀传统文化的传承与推广需加强包含研究、教育、实践、保护、交流等内容在内的相关体系建设。一是要建立研究阐发体系。要着眼国家文化战略发展方向和实践需要，做好顶层设计，整体规划，系统地、全方位地在各领域对传统文化资源进行挖掘、阐发和传播。二是要建立文化普及教育体系。在全社会开展创新技术驱动的文化普及教育，将之纳入国民教育、成人教育、党校教育中。三是要建立新时代文明实践体系，发挥公共文化服务机构的资源效能，将优秀传统文化融入生产生活，让无形化有形。四是要建立保护整合体系，构建政府主导、部门协作、社会参与的保护整合体系。五是要建立传播交流体系，构建多媒介融合的传播格局，建立涵盖组织传播、媒介传播、人际传播的现代传播体系。六是要建立内容产业发展体系，即鼓励结合新技术手段，利用优质文化资源生产创意文化产品的相关产业。七是要建立文化产业投资、融资体系，充分发挥银行信贷的作用，积极探索文化产业投融资的合理模式。同时要积极与互联网金融相融合，推进文化要素市场从线下向线上发展，探索特色文化创意与小众文化需求有机融合的金融模式，使文化产业发展与互联网金融发展相适应。

二、加快技术研发，推动中华优秀传统文化的创造性转化与创新性发展

中华优秀传统文化的创造性转化和创新性发展，需要在当前科技日新月异的社会环境下与大众社会活动充分结合。当前的新技术在传统文化传承与推广中的作用已经有所体现，但就现状来看融合得还不够充分、不够深入。其原因是立足于文化事业本身的技术研发领域相对空白、驱动力不足，这在一定程度上制约了优秀传统文化的创造性转化和创新性发展。

建议相关工作者进一步深度挖掘与利用互联网平台、数字化技术以及融合媒体发展等在存储、展示、传播等方面的优势，结合中华优秀传统文化的资源特点、属性和受众群体需求，加大针对优秀传统文化传承和推广行业的新技术研发，从政策和资金的扶持、设立科研项目基金、培养专业技术人才以及与社会力量联合进行应用场景探索等方面，全力推进以技术驱动为前提的文化成果转化工作。将中华民族几千年积淀的各类型的文化信息资源精华以及贴近大众生活的现代社会文化信息资源进行整合，通过互联网平台实现优秀文化信息的广泛传播与推广。

2019年8月，科技部、网信办等六部门印发《关于促进文化和科技深度融合的指导意见》，明确指出面向文化建设重大需求，把握文化科技发展趋势，瞄准国际科技前沿，选准主攻方向和突破口，打通文化和科技融合的"最后一公里"，激发各类主体创新活力，创造更多文化和科技融合创新性成果，为高质量文化供给提供强有力的支撑；提出到2025年，基本形成覆盖重点领域和关键环节的文化和科技融合创新体系，实现文化和科技深度融合的阶段性目标。基于该《意见》的指导思想，中央和地方财政应加大对文化领域的科技投入，并引导文化企业先行投入开展研发攻关，政府部门以财政后补助、间接投入、以奖代补、政府采购等形式进行支持；探索设立文化科技类扶持基金，以具有权威性、广泛性的鼓励性奖项来推动社会广泛参与到传统文化的创新性技术研发中来；进一步加强中华优秀传统文化在内容创作、生产、传播和消费等环节关键技术研究。此外，还应加强文化大数据体系的建设，"依托现有工作基础，对全国公共文化机构、高等科研机构和文化生产机构各类藏品数据，分门别类标注中华民族文化基因，把非物质文化遗产记录成果中蕴含的优秀传统文化的精神标识提炼出来，建设物理分散、逻辑集中、政企互通、事企互联、数据共享、安全可信的文化大数据体系"①。

值得注意的是，当前我们进入了新媒体时代，网络媒体、手机媒体等一系列文化传播的新载体正在重构大众的阅读习惯。在新媒体时代，将中华优秀传统文化以数字化方式存储是大势所趋，也是一种革命性的变化。而技术推动优秀传统文化成果的转化，还包括进一步利用媒体的融合向纵深发展，建设"内容＋平台＋终端"的新型内容生产和传播体系，运用信息革命成果，坚持一体化发展方向，通过流程优化、平台再造，实现各种媒介资源、生产要素的有效整合，促进文化内容生产、技术应用、平台终端、管理手段的共融互通。与此同时，还应进一步完善文化技术标准化体系，加强标准的研制与推广，推进技术专利化、产业标准化，完善产业评估体系建设，助力文化和科技深度融合。

为贯彻落实中央全面深化改革委员会、中央文化体制改革和发展工作领导小组统筹推进文化惠民工程的改革任务，文化和旅游部深入实施文化惠民工程、挖掘和保护文化资源、维护文化市场秩序，不断提供满足人民美好生活期待的精神食粮，于2019年4月正式下发了《公共数字文化工程融合创新发展实施方案》，旨在适应移动互联网等现代科技发展趋势，破解公共数字文化工程发展中存在的瓶颈问题，推动工程转型升级、深度融合，创新公共数字文化服务业态，提升服务效能。目前，我国在实现工程的统筹管理、建立统一的标准规范框架、推出统一的基层服务界面、初步形成公共数字文化资源服务总目

---

① 科技部等六部门印发《关于促进文化和科技深度融合的指导意见》的通知[EB/OL].[2019-08-27]. http://www.gov.cn/xinwen/2019-08/27/content_5424912.htm.

录、统筹开展基层培训和服务推广等方面取得实效，但在围绕"提高基本公共文化服务的覆盖面和适用性"的目标任务方面还有提升空间。在利用工程的服务效力实现优秀传统文化的传承与推广方面，笔者有如下几点建议：

（1）拓宽公共数字文化工程的参与主体，推进各类文化资源数字化，激发"互联网＋"对优质生产要素的倍增效应。在建设数字图书馆、数字文化馆的基础上，鼓励发展虚拟博物馆、数字美术馆、数字艺术馆等，把群众喜闻乐见的中华优秀传统文化遗产通过互联网方便快捷地传达到广大人民群众身边，填补对基层文化需求响应的不足，以优秀的文化资源占领基层思想文化阵地，丰富基层群众的文化生活。

（2）加大数字文化领域数据共享开放力度，提升数据资源利用率。在工程已有的大数据采集及分析平台基础上，建设完善国家数字文化数据共享交换平台，研究跨领域数据共享开放统一标准，建立公共数字文化领域数据开放目录和清单，优先推进文化、旅游等领域数据开放。通过国家公共数字文化数据开放网站向社会开放的原始数据集、数据类型和时间表，提供一体化、多样化的数据服务。支持各领域间、各类主体间的数据交易流通。

（3）鼓励新技术创新应用，培育壮大社会力量参与公共数字文化服务的新产品、新产业、新业态。进一步拓展公共数字文化服务的便捷化、智能化、个性化消费空间，加快新型数字基础设施建设，以技术创新推动产品创新、应用创新，有效培育新业态，激发新动能，更好地满足人民群众对高品质数字文化服务的需求。鼓励智能化交互式创新应用的开发，引领带动数字创意、智慧旅游、智慧文化等新产业、新业态发展。支持并引导新型穿戴设备、智能终端、服务机器人、在线服务平台、虚拟现实、增强现实、混合现实等产品和服务的研发，将优质的传统文化资源融入相关的消费体验，丰富线上线下联动的传承推广方式，深入推进"互联网＋中华文明"行动计划。

三、推动业务变革与转型，促进文旅融合发展

数字技术的发展为传统文化赋予了现代意义。推动文化创新发展，对传统文化作出当代表述，可以为文化发展开辟出更大空间，从而推进新技术环境下优秀传统文化的创造性转化和创新性发展。结合当前文旅融合的良好契机，优秀传统文化传承、传播和交流推广的平台和空间得以拓展和深化。可以说，旅

游是文化的载体和传播手段，更是传统文化、文化遗产保护、传承和创新发展的有效途径，在传承弘扬中华优秀传统文化中发挥着重要作用。而文旅深度融合，是文化产品创新、文化遗产保护与传承、文化产业发展的重要手段。

建议相关部门与企业充分发挥文旅融合优势，以实践探索实现中华优秀传统文化资源的创造性转化，推动文化创意产品的生产开发。

首先应立足文化本身，探索、研究、挖掘、提炼文化创意成果，注重文化旅游与科技、教育、传媒、营销的深度融合，即以文化旅游为主题或核心元素的跨业态融合，形成以文化为内在驱动力的文旅产业发展新模式。通过互联网、大数据、云计算、人工智能等新技术，大胆创新，开发多元化、个性化、智能化的高品质文创产品。通过项目化管理的方式，打造底蕴深厚、特色鲜明的特色文化品牌和区域特色文化示范区。

加大文化旅游资源开放力度，加强传统文化、民族文化、民间文化、特色文化等的科技开发，加快博物馆、美术馆等文化机构的数字化建设，促进全社会文化创意的有效激发和文化服务的充分使用。通过实体和虚拟文创产品实现特色文化资源的转化，借助成熟的营销模式，树立起具有广泛社会影响力的文化品牌。通过打造中华优秀传统文化IP，将当下流行元素加入其中，使其进入社会大众的日常生活，激发大众对文化与经典的喜爱，从而焕发中华优秀传统文化的当代活力。

在文创内容深化的维度上，可鼓励文化工作者通过游戏、动漫等形式与文化机构和旅游景点合作，探索数字与传统的融合，在年轻群体中树立文化自信；也可利用微博、微信、抖音等新媒体，通过媒体平台推广与传统文化解读相关的新形式文化产品进行优秀传统文化推广，扩展表达形式维度，积极打造全新的数字文化"生态圈"。

在文创发展模式上，要联合业界力量形成矩阵效应。以"全国图书馆文创产品开发联盟"（以下简称"联盟"）为例，该联盟是当前图书馆界结合当前人们的消费需求和社会发展趋势，在文化和旅游部的支持下，由37家试点图书馆作为发起馆，为建设联盟平台而成立的，它走出了全国图书馆届联合开发文创的第一步。联盟成立的主要目的是引领和推动图书馆行业文创产业发展，为解决图书馆界文创产业起步晚、规模小、品牌效应不强等问题提供方案。联盟成员通过共建共享人才培养、文创研发、营销渠道等资源，提高图书馆文创研发整体水平。联盟通过整合业界资源优势和分散性力量，形成合力推动文创矩阵形成的模式，为中华优秀传统文化的文创开发之路提供了借鉴。

四、支持社会力量参与建设，构建多元化合作模式

中华优秀传统文化的传承和推广是现代公共文化服务体系建设的重要组成部分。公共文化服务是以政府部门为主的公共部门向社会成员提供的公共文化产品与服务。当前，人民文化水平不断提升，精神生活更为丰富，对于文化生活的需求和诉求也在日益增高，有了更多元化的期待。近些年来，我国公共文化服务体系得到持续建设与发展，公共文化服务水平已经得到显著提高，但与实现基本建成现代公共文化服务的目标相比，仍有许多提升空间。例如，公共文化服务场所利用率不高，公共文化服务资源供给不平衡、不充分，文化产品内容载体形式单一陈旧，对传统文化和地方特色文化的挖掘力度不强，非遗传承和文物保护力度不足，服务机制单向封闭，等等。这些问题导致公共文化服务效能还没有得到最大限度的释放，从而也影响了优秀传统文化传承与推广工作的效果。

要解决和改善上述问题，更好地借助科技手段不断拓展和深化公共文化服务建设，首先需要政府在保障公共文化服务过程中高度重视科技对公共文化服务建设的作用，通过科学统筹和顶层规划解决好文化产品有效供给问题。同时，需要聚合公共文化服务领域的科技企业、社会团体以及专家人才等，特别是在大众精神文化生产生活中具有重要影响力的组织团体，具有信息聚合、传播和社交功能的互联网传媒，对于社会公益文化服务具有经验和知识储备的人员等，共同推动优秀传统文化的传承和推广工作，使其真正深入人民的日常生活。

应积极利用计算机及互联网技术，着力搭建中华优秀传统文化传承与推广的社会协作平台。充分引入社会力量参与建设，通过平台推动政府、社会机构以及大众的协调统筹、组织实施等各个环节，实现社会各方以及各环节之间的协同联动和智能感知。运用智能信息技术手段感知、分析推进工作中的各项数据，并及时作出响应、判断和决策，保证协调工作的时效性，保障各方良性沟通。

在新技术环境下实现中华优秀传统文化的传承与推广，是社会全员的共同

责任。各类文化单位机构、各级文化阵地平台要积极发挥自身阵地作用，与家风教育、社区文化教育相融合，积极吸纳各方社会力量广泛参与新技术与中华优秀传统文化融合发展研究，推动传承与推广主体向立体化方向发展，形成政府推广、群体推广、大众推广、国际推广相结合的新技术环境下优秀传统文化传承与推广的新格局。

五、重视人才队伍建设，建立人才引进与培养机制

要激发中华优秀传统文化传承体系的生命力与自我生长能力，更好地实现传承和推广，就要让各类主体都参与到体系的创建中来。既要引导社会各方认识到传承发展中华优秀传统文化是全社会共同的责任，又要加大对传承与推广工作中的技术型人才与复合型人才的培养。人才是推动中华优秀传统文化传承与发展乃至公共数字文化服务体系建设的关键保障性因素，在新技术环境下培养一批普遍具有较高知识水平，特别是具备互联网科技知识、对中华优秀传统文化有深刻理解且具有开拓性、创新性意识的高水平人才，是中华优秀传统文化传承与推广的重要支撑。

1. 完善相应的人才培养政策与相关规划

首先，要提高全社会对于公共文化服务，特别是公共数字文化服务领域的人才培养的正确认识。政府在政策、资金支持等方面要做好先导工作，跟上新技术与中华优秀传统文化传承推广的融合发展步伐，为人才培养提供稳定的政策支持、明确的培养方向以及全面的培养计划。政府应从阶段性、长期性两种形式分别为人才队伍建设提供整体、科学的规划。除此之外，还应有具体的人才队伍培养措施。在人才队伍培养方面，既要立足于传承和发展中华优秀传统文化这一出发点，又要结合当前互联网环境下的事业发展趋势，重视对人才技术创新技能的培养。应打破从前的理论化、封闭式、形式单调的培训方式，引入奖励性与竞争性机制，使人才队伍更加富有活力和创造性。

2. 重点发挥青少年的生力军作用

国家教育主管部门可研究建设相关教育制度，将新技术与中华优秀传统文化融入日常教育，如构建新技术与中华优秀传统文化相关的中小学课程和教材体系，高等院校可在学校层面建立传承中华优秀传统文化的产学研基地，在学院层面开设中华优秀传统文化相关课程，保障青少年在受教育阶段接受系统性

的文化教育，形成对新技术环境下优秀传统文化创造性转化和创新性发展的思考，将他们培育成为新技术环境下中华优秀传统文化传承与推广的新生力量。

3. 加强数字文化产业投融资人才队伍建设

数字创意等相关文化产业是一个以人为本的产业，急需具有文化资源和金融资本融通能力的创新型复合人才，建设文化产业和对外文化贸易投融资人才队伍迫在眉睫。要重点培养具有高度文化责任感和较强资本运营能力，熟悉文化资源产业链和跨国文化产业公司运作，具有金融资金整合运作能力和国际视野的人才。